불타는 지구를
그림이 보여주는 것은
아니지만

동물과
지구를 위한
미술관

불타는 지구를
그림이 보여주는 것은
아니지만

동물과
지구를 위한
미술관

우석영 지음

파롤앤

화가는 자연을 이해하고 사랑하며
평범한 사람들이 자연을 더 잘 볼 수 있도록
가르쳐주는 사람이다.
— 빈센트 반 고흐, 《반 고흐, 영혼의 편지》

회화는 이야기이다.
회화는 회화 나름대로
아주 말주변이 좋은 우화를 이야기한다.
색채와 양감으로 넘쳐흐르는 공간은
등장하는 것들, 인간과 동물들을 움직이게 한다.
— 가스통 바슐라르, 《꿈꿀 권리》

산림지대의 사슴, 들판을 가로지르는 여우,
겨울을 나기 위해 남쪽으로 춤추며 날아가는 나비,
먼 하늘로 솟아오르는 매, 우리 정원에 찾아온 벌새,
저녁 무렵에 서로 신호를 주고받는 반딧불이들을 보라.
이외에도 어디에도 매이지 않은 채 자연 상태에서 살아가는
동물들과의 수많은 만남을 생각해보라.
이런 순간들은 우리들에게 우주가 약탈 대상이 아니라
서로 교제할 주체들로 이루어져 있음을 깨닫게 한다.
— 토머스 베리,《황혼의 사색》

몇 해 전, 나는 '동물 미술관'이라는 제목으로 동물에 관한 책을 한 권 펴내게 되었다. 실로 뜻밖의 사건이었다. 당시 나는 중국 미술에 관한 책을 쓰고 있었는데 돌연 동물이라는 화두에 빠져서는 기어코 동물을 주제로 한 책을 펴내게 되었던 것이다. 일곱 살짜리 어린이 앨리스가 우연히 빠졌던 토끼굴 같은 곳에 빠져서는 동물의 세계와 미술의 세계를 정신없이 돌아다녔던 기억이 지금도 생생하다.

그렇게 책을 펴냈는데, 어쩐지 종점이 아니라 출발점에 선 기분이었다. 그런 기분 탓이었을 것이다. 이윽고 한겨레신문에 '우석영의 동물+지구 미술관'이라는 연재를 시작했다. 그 연재는 동물 공부와 동물 이야기를 멈추지 않겠다는 의지의 피력이었고, 생명 세계와 사회에서 일어나는 사건들을 동물의 삶과 함께 이야기해보겠다는 뜻의 실천이었다. 동물을 비롯하여 지구의 만물은 서로 얽힌 채로만, 자기 신체보다 더 큰 생명 세계의 가피加被 속에서만 살아간다. 산양 한 마리도 마찬가지여서, 어느 산양을 안다는 것은 그 산양의 습성이나 기질 같은 것만이 아니라 자고 먹고 휴식하는 곳을, 살기 위해 이동하는 곳까지, 그곳에 영향을 미치는 더 큰 세계의 변화까지 안다는 것이다. 그런 뜻에서 나는 이 연재 글에 '동물+지구 미술관'이라는 이름을 지었더랬다.

이 책은 당시의 연재 글을 정리해서 엮은 것이다. 출간을 준비하며 어떤 부분은 없앴고, 어떤 부분은 새롭게 다듬었다. 시간이 지난 후에야 비로소 보이는 허물을 지우고 부족한 부분을 뒤늦게 보완한 조치이니, 부디 혜량해주시기를 바란다.

책은 총 3부로 구성되어 있다. 1부의 글들은 동물을, 2부의 글들은 자연 또는 지구를 다룬다. 2부에도 동물은 나오지만 주로 더 큰 자연을 다루는 맥락에서 나온다. 3부에는 코로나·기후위기로 상징되는 오늘의 총체적 생태 위기를 성찰하고 우리 시대에 필요한 개혁을 논하는 글들이 묶였다.

'이생망(이번 생은 망했어)'이라는 말은 당혹스럽다. 이 말을 지어낸 이들은 서른이 채 안 된 이들이었는데, 스스로 발견해야 할 이번 생의 나날이 아직 창창히 남은 이들이 할 만한 소리는 아닌 듯하다. 하지만 코로나 재앙과 기후 파국 가능성을 생각해보면, 또 "세상이 망해가는데 등교가 중요한가"라고 물으며 거리로 쏟아져 나오는 화난 십대들을 상기해보면, '이생망'이 허튼소리는 아닌지도 모른다는 생각도 밀려온다. 어쩌면 망한 생이, 가망 없는 삶이 우리 모두를 기다리고 있는지도 모른다. 그러나 우리는 어떤 상황에서도 삶이라는 길을 걸어가야만 하고, '가망 있는 삶'은 삶의 여러 형식 중 하나가 아니라 유일한 형식일 것이다.

우리가 일궈야 할 가망 있는 삶은 오늘날 '미래를 그리워하는 삶'이라 부를 만하다. 미래를 그리워한다는 것은 미래를 염려한다는 것도, 희망찬 미래를 꿈꾼다는 것도 아니다. 오늘날 우리에게 미래는 구조와 돌봄의 대상이다. 가망 없는 상태일지도 모르는 가상의 미래를 현재로 끌고 와 바로 그 시간을 바로 지금 살아내야 한다. 앞으로 태어날 아이들의 시선으로 현재의 사건에 응해야 한다.

그러나 이 책은 위기니 희망이니 하는 것을 강조하는 단일한 색조의 책은 아니다. 그보다는 실은 이 이야기 저 이야기가 들쭉날쭉, 종잡을 수 없이 등장하는, 말하자면 산양 같은 야생동물을 닮은 책이다. 숨 쉬고, 움직이고, 먹고 싸고, 느끼고, 생각하고, 침울했다가 유쾌하고, 자고 깨어나고, 사랑하고 미워하고, 여행하고, 문득 먼 곳을 바라보기도 하는 어느 산양의 삶이 단순하지 않듯, 이 책도 그래서 관찰하고, 읽고, 기억하고, 걷고, 생각하고, 상상하고, 바라보고, 음미하고, 자다 깨서 다시 생각했던 어느 글 쓰는 동물의 여러 시간이 토끼굴에 숨어 있는 어떤 동물처럼 몸을 웅크리고 있다. 토끼굴에 들어와 그 안에 든 것을 살려내고 즐기는 일은 그러니 여러분의 몫이다. 토끼굴에 어서 들어오시길!

2022년 9월
정발산 아래에서

1부

사람이
산양보다도
못하냐는
항변에 답함

곰, 고독의 동물
• 다케우치 세이호, 아서 테이트

1

늘 누군가 곁에 없어 외롭고, 남들의 인정을 받고 싶어 '좋아요'에 늘 신경을 쓰는 우리 인간들과는 달리, 곰은 하늘 아래서 외따로, 의연히 살아가는 동물이다. 이 녀석들만큼 비사회적인 동물도 우리 지구에서는 찾아보기 어려워서 곰들은 제각각, 고독하게 '살아가기'라는 과업을 수행한다. 수컷의 경우, 엄마 배 속에서 나와 2년 정도(18~20개월) 지나면 독립하는데 암컷과 사랑을 나누는 기간인 약 1개월을 제외하면 줄곧 독거를 고집한다. 이에 비해, 암컷은 가족을 이루어 생활하는 기간이 다소 길다. 마음을 줄 수컷을 만난 암컷 곰은 수태 후 약 2년간 새끼들을 길러내며 공동생활이라는 특별한 삶을 사는 것이다. 하지만 곰의 평균수명이 약 26년이라 하니, 26년 중 2년이라면 그리 긴 세월도 아니다. 새끼들이 슬하를 떠나면, 그녀 역시 독거라는 자신의 진짜 삶으로 돌아가는 것이다……

야생에서 혼자 살아간다는 것. 대체 어떤 의미일까? 야생과 장벽을 쌓은 채 도시나 마을 안에서 무리 지어 살아가는 우리로서는, 아니, 하루 이틀 산에서 비박bivouac하는 것이라면 모를까, 한두 달 산에서 텐트 치고 홀로 지내보라고 누군가 제안한다면 기겁을 할 나 같은 사람으로 서는 감히 짐작하기 어려운 일이다. 그러나 일본 화가 다케우치 세이호竹內栖鳳(1864~1942)의 작품 〈눈 속의 곰〉(1940)을 가만 보고 있노라면, 그들의 고독한 삶이 아주 조금은 머릿속에 그려지기도 한다.

　곰의 독거에는, 인간의 독거와는 달리 정결한 면모가 있다. 데지마 게이자부로가 쓰고 그린 책《아기 곰의 가을 나들이》에 잘 묘사되어 있듯이, 곰은 신선하고 때깔 좋은 과일이나 견과류, 풀 또는 먹기 좋게 살이 붙은 동물의 살을 먹고 산다(주로 육식을 하는 북극곰은 예외). 하지만 습성이나 섭취하는 먹이의 양을 보면, 채식 위주의 식사를 한다고 할 만하다. 심지어 어떤 종은 채식주의에 크게 기울어져 있다. 이들은 자연이 마련해놓는 '때'를 거스르지 않는다. 철마다 숙성하는 식물의 잎과 열매를 알아보며 이에 걸맞은 식사법을 고수하는 것이다. 성욕 해결도 시절 인연에 그저 내맡기고, 자식에게 자신의 정체성을 투사하지도 않으니 어쩌면 탐욕과 허무, 우울에 시달리며 사는 호모사피엔스들보다 더 행복하게 살아가는지도 모른다. 어쩌면 '신기독慎其獨'(홀로 있을 때 더 삼가고 조심하라) 같은 유학의 가르침은 곰보다도 못한 원숭이의 후예들에게나 긴요한지도 모를 일이다.

다케우치 세이호, 〈눈속의 곰〉, 1940

단 한 번뿐일 지상의 삶. 곰들처럼 생명의 보전이라는 엄중한 과제를 독자적으로 해결하며 외외당당 살아갈 수는 없을까. 그러나 먹이가 부족해지면, 삶이 위태로워지면 곰도 가난하고 쓸쓸한 뒷모습을 보이지 않을까. 〈눈 속의 곰〉이 보이는 뒷모습처럼……

〈눈 속의 곰〉에 등장하는 곰은 아마도 아시아흑곰일 것이다. 보고된 바에 따르면 곰은 지구상에 총 8종이 서식하고 있는데, 아시아흑곰(지리산에도 살고 있는 반달가슴곰이 여기에 속한다), 아메리카흑곰, 북극곰, 큰곰(불곰, 그리즐리), 말레이곰, 느림보곰, 안경곰, 자이언트판다가 주인공들이다. 동아시아에 사는 우리로서는 아시아흑곰이 그나마 친근하지만, '곰 부족'의 후손으로 태어나 아시아흑곰조차 볼 기회가 드무니 자못 허전한 일이 아닐 수 없다.

3

한편, 야생동물을 주로 그렸던 영국계 화가(리버풀 근교에서 태어났지만 젊은 날 아메리카로 이주한다) 아서 테이트Arthur Fitzwilliam Tait(1819~1905)의 작품 〈일촉즉발 — 곰 사냥, 초겨울A Tight Fix: Bear Hunting, Early Winter〉(1856)에서 우리가 만나는 곰은 아메리카흑곰이다. 곰과 마주 보고 있는 남자의 오른손에는 단검이 들려 있는데, 어찌 된 영문인지 그의 표정은 무서울 정도로 고요하다. 그러니까 남자는 이 상황을 직접 겪었고, 또 곰의 희생양이 되지 않고 살아남은 인물일 것이다(그러나

아서 테이트, 〈일촉즉발 — 곰 사냥, 초겨울〉, 1856

아메리카흑곰 역시 육식주의자는 아니다. 이들이 먹는 먹이의 85퍼센트는 식물성이다).

사진작가이자 산문 작가, 무엇보다 야생의 자연에 대한 호기심 많은 탐구자, 그런 점에서 천성적으로 (아마추어) 자연학자였던 호시노 미치오星野道夫(1952~96)의 운명은 이 그림의 주인공과는 달랐다. 1996년 8월, 호시노는 러시아 캄차카반도에서 곰에게 희생되었다. 테이트의 그림에 등장하는 사냥꾼들, 즉 곰에게 적대적인 이들은 왜 살아남고, 곰에게 호의적이었던 호시노는 왜 살아남지 못했던 걸까? 호시노의 죽음은 내내 곱새겨볼 물음을 던져준다. 그건 일어나지 말았어야 할 단순 사고였을까? 아니라면 야생에 지나친 탐구욕을 가졌던 이들에게 대자연이 늘 보내는 경고음 같은 것이었을까? 그것도 아니라면 그

는 일시적으로는 비극이었을 죽음의 형식으로, 늘 대자연에 소속되려
했던 자신의 염원을 자기도 모르는 사이에 완성했던 걸까?

4

곰(큰곰, 아시아흑곰)은 캄차카반도 아래쪽, 오호츠크해 건너편, 우리 예
맥족이 살아온 이 땅에서도 오래 서식했던 동물이다. 무엇보다도 곰은
고조선의 동물이었다. 한국인이라면 누구라도 웅녀熊女의 후손이 아니
던가. 환웅이라는 남자 그리고 곰으로 태어났지만 여자가 된 웅녀. 이
들이 우리의 원시 조부모가 아니던가. 그러나 토템으로 곰을 모셨던
이 민족은 지금은 세계에서 가장 잔혹하게 곰을 착취하는 민족으로 변
질되고 말았다. 한국은 웅담(곰쓸개/쓸개즙) 채취를 위한 곰 사육이 합법
화된 지구상의 단 두 나라 중 하나인 것이다(또 하나는 중국이다).

　다행히, 이 땅에도 봄바람이 불기 시작했다. 2018년 12월 녹색
연합은 사육되던 반달가슴곰 세 마리를 구조하는 데 성공했다. 온라
인 모금을 통해 이들을 매입해 동물원으로 삶의 보금자리를 옮겨준 것
이다. 한편, 국립공원관리공단 종복원기술원에서는 2004년 이래 반
달가슴곰을 야생(지리산)에 돌려보내는 프로젝트를 꾸준히 진행해오고
있다. 그리하여 2018년 5월 기준, 지리산에 53마리가, 지리산 바깥에
3마리가 서식하고 있다고 한다. 한국전쟁 후 재건과 개발주의 시대를
지나며 자연(물)을 도구나 노예로 취급하는 흉폭한 문화가 기승을 부렸

던 이 땅에도 이제는 서광이 비치고 있는 것이다.

그러나 이것은 출발에 불과하다. 우리가 복원해야 하는 것은 단지 멸종 위기 생물종이나 그들의 서식지만은 아닐 것이다. 경제림 대 원시림의 비율이 100 대 0에 가까운 어떤 신기한 나라에서는, 원시림을 복원해야 한다. 인간이 들어갈 수 없는 또는 곰이 자유롭게 돌아다닐 수 있는 땅을 조금이라도 복원해야 한다.

복원해야 하는 것은 어떤 심성이기도 하다. 곰의 힘, 곰의 영혼, 곰의 영력靈力을 어려워하며 존중했던, 고조선을 세운 이들, 바로 우리 선조들의 심성 말이다. 그러나 그런 심성을 되찾으려면 지구의 당당한 한 구성원으로서, 삶과 의식과 감정의 주체로서, 우리처럼 생명과 삶이라는 이익을 보유한 자로서 살아가는 곰의 면모를 알아가는 시간을 먼저 거쳐야 할 것이다.

판단하는 곰

• 필립 굿윈, 어니스트 시턴

1

곰 부족의 후손으로 태어났지만 동물원이 아니라면 곰을 도통 만나볼 기회조차도 없는 원통함을, 나는 이즈음 어니스트 시턴Ernest Thompson Seton(1860~1946)의 곰 이야기로 조금이나마 해소하고 있다. 시턴은 곰 이야기를 여러 편 남겼는데, 〈회색 곰 왑의 삶The Biography of a Grizzley〉이라는 단편도 그 하나다.

회색 곰 왑의 삶은 처음부터 순탄치 않았다. 엄마와 형제자매들과 함께한 어린 시절은 행복했지만, 그리 오래가지 않았다. 어느 목장주가 쏜 총탄에 가족을 모두 잃는 참혹한 사건이 일어난 것이다. 어린 포유동물에게 엄마란 세계의 일부가 아니라 전부인 법. 왑의 하늘은 그날, 무너지고 만다. 하늘이 무너진 곳. 그 캄캄한 세계에서 아기 곰 왑은 하나씩, 하나씩 빛을 찾아간다. 기적과도 같은 일이 왑의 삶에서 일어난다. 왑은 알아내기 시작한다. 우선은 어디에 가면 야생순무

22

어니스트 시턴이 그린 〈회색 곰 왑의 삶〉 삽화

와 애기백합이 있는지를. 야생순무와 애기백합을 찾아다니는 여정에서 또 다른 중대한 진리를 알아채기도 한다. 이 세상엔 적들이 득시글거리지만, 때로는 도망치지 말고 그들과 맞서 싸워야만 생명을 부지할 수 있음을.

자기를 위협하는 것들은 오소리, 스라소니, 흑곰, 암소같이 몸집이 제법 큰 포유동물들이지만, 이 위협 생물종 가운데에서도 가장 무시무시한 생물종은 인간이라는 사실을 왑이 깨닫는 데는 그리 긴 시간이 필요치 않았다. 자기 발을 덥석 문 무시무시한 쇠덫이, 독침(총탄)으로 엄마를 죽인 그 동물이 만든 특별한 물건임을, 왑은 간파한다. 이런저런 곤경에 부딪히며 왑은 자신의 원수가 누구인지를 확실히 알게 된다.

웅크림과 배움, 알아감으로 점철된 인고의 시간은 왑에게 그리 길지는 않았다. 스라소니 정도는 거뜬히 물리칠 정도로 몸집이 불자, 왑은 완연 자신감을 얻게 된다. 이제 그에게는 지혜만이 아니라 지혜를 실천할 육체가 있었다. 그리하여 그는 자기를 죽이려 집요하게 들러붙는 인디언 사냥꾼 스파왓을 지혜롭게 물리치는가 하면, 심지어 자기 영토 아래쪽에 있던 오두막에 침입해 잭이라는 사내를 처단하며 카우보이들을 향한 평생의 원한을 미흡하나마 풀어낸다.

2

시턴이 살던 당시 북미에서 실제로 이런 일이 많았던 걸까? 미국 화가 필립 굿윈Philip Goodwin(1881~1935)은 곰과 인간의 마주침을 화폭에 많이 담았다. 그중 한 점인 〈곰이다!It's a Bear〉에서는 인간의 시점에서 인간과 곰의 마주침을 그려내고 있다. 이 작품 속 곰은 인간이 본 곰, 인간의 눈에 띈 곰이다. 즉 이 작품의 배면에 있는 시선으로 보면, 곰은 어디까지나 외계자, 타자, 이방인이다. 이해 불가능한 자, 소통할 수 없는 자이고, 이해와 소통이 가능한 세계 저 너머에 있는 무언가이다. 같은 세계를 공유하는 의미 있는 동료 존재자가 아니라는 얘기다. 포획

필립 굿윈, 〈곰이다!〉

하거나 회피해야 하는 위협적인 살덩이-포식자, 가능한 한 마주치지 말아야 하는 존재자일 뿐이다.

달리 말해 이런 시점(시각)으로 보면, 곰은 어디까지나, 언제까지나 시선의 주체가 될 수 없다. 고유한 시선으로 상대방을 판단하고 상대방과 유의미하게 의사소통할 수 있는, 또 다른 시선의 주체가 아닌 것이다. 유럽인의 눈에 띈 아메리카 선주민이 유럽인이라는 시선의 주체에게 비주체였던 것처럼. 그러니까 이 작품에서 우리는 '시선'이라는 주제를 만난다.

흥미롭게도 아메리카 선주민 집단들의 세계관에 따르면, 세계는 다양한 시점의 주체들로 구성되어 있다. 모든 존재자들이 자기 밖의 세계를 바라보고, 자기 아닌 존재자들을 파악한다. 모든 존재자들이 시점의 중심이자 시선의 주체인 이유는, 그들 모두가 (그 성격이 유사한) 영혼을 지녔다는 점에서 동일한 존재자들이기 때문이다. 영혼은 유사하되 이를 담는 신체들은 다양하다는 전제가 이 집단들의 사고방식에 깔려 있다. 그렇다고 각 주체의 시선이 동일하다고 보는 것은 아니다. 가령, 포식-피식의 관계가 무엇이냐에 따라 주체마다 타 존재자들을 바라보는 방식은 다양하다고 이들은 생각한다. 가령, 페루 아마존의 한 부족은, 뱀이나 재규어 같은 포식자들은 인간을 만날 때 자신을 인간처럼 보고 인간을 비非인간처럼 본다고 생각한다.[1]

그렇다면 〈곰이다!〉에 나오는 곰이 자신을 인간 같은 존재로 보고 불가에 앉아 있는 백인 둘을 비인간처럼 보는, 다른 시선의 주체라면 어떨까? 곰은 자기의 시점에서 무엇을 보고 있는 걸까?

26

시턴의 언어로 조형된 어느 불운한 큰곰(불곰)의 생애사인 〈회색 곰 왑의 삶〉은 바로 이 세계, 즉 곰의 시선으로 본 세계를 우리에게 보여준다. 그러면서 곰의 생리나 생태만이 아니라 사고 능력과 판단력 같은 정신 능력에 관해서도 일러준다.

그러니까 이런 식이다. 어느 날, 우연히 인간들과 마주친 왑은 그들을 공격하려다 주춤거린다.

> 뭔가가 가로막았다. 감각과는 아무런 상관도 없는, 감각이 조용히 있을 때만 느껴지는, 곰이나 인간의 지혜보다 현명한, 어둡고 구불구불한 길을 가다가 갈림길이 나와 망설일 때마다 방향을 가르쳐주는 바로 그것이었다.[2]

여기서 '그것'은 무엇일까? 곰의 지혜, 인간의 지혜보다도 높은 것이 왑이라는 곰에게 찾아와 안내해주었다는데, 그건 대관절 무엇일까? 무엇이라 부르든, 그것이 일종의 판단 능력임에는 틀림이 없다. 그리고 이 경우, 그 판단 능력은 분명 도덕적인 성격의 판단 능력이다.

시턴은 같은 이야기에서, 생명 있는 모든 것들이, "바위와 돌과 사물들"이 왑의 코에 대고 자신들의 이야기를 노래로 들려주며 왑의 행동을 안내해주었다고 쓰고 있다. 바위와 돌이 들려주는 노래 같은 이야기란 또 무엇일까? 분명한 것은, 시턴의 이야기가 1970년대 이래 동물권론, 동물복지론이라는 담론에서 흔히 등장했던 동물의 지능에 관한 이야기, 즉 비인간 동물에게도 지능이 있다는 이야기보다 훨

썬 더 고차원적인 담론이라는 것이다. 바위와 돌 같은 무생물에게도 스스로 자기를 개진하고, 자기의 존재 이유를 실현하려는 의지·능력과 유사한 것이 있는 것은 아닌지, 시턴은 그런 것을 생각해보라고 이미 1900년에 독자들에게 주문했던 셈이다.

3

어느 곰에게서든 발견할 수 있는 고차원의 정신을 시턴이 언급한 지어언 120년, 우리는 거의 모든 동물에게 지능, 의식이라 부를 만한 것이 있다는 사실을 과학자들로부터 들어 알게 되었다. 적어도 머릿속으로는, 문서상으로는, 비인간 동물들도 지상의 삶의 주체라고 말할 수 있게 된 것이다. 그러나 과학이 미처 밝혀내지 못한 지구와 지구의 자연물에 관한 사실 역시 허다하다는 사실을, 과학자들 스스로 고백하고 있다는 것 또한 우리는 알고 있다. 그러니, 어쩌면 우리는 지난 120년간 과학의 꽁무니를 뒤쫓으며 살아오면서, 시턴이 1900년에 과학이라는 사다리 없이 도달했던 통찰에 이르긴커녕 근처에도 가지 못했는지도 모른다.

하기야 어떤 상대방에 대해 어떤 태도를 취할지 어떤 인간 주체가 제 입장을 결정할 때, 관건이 되는 건 상대방에 대한 과학적 지식이 아니라, 상대방과 맺는 관계 그리고 이를 통해 취할 수 있는 이익이나 혜택일 것이다. 닭과 오리, 소와 돼지를 노예 동물로 거느리고 사는 삶,

그들의 생명을 원재료로 취급하는 삶이 긴요한 개인이라면, 어떻게 바위나 식물, 무척추동물은 물론이고 척추동물의 주체성을 입에 담을 수 있겠는가? 하지만 정반대로, 양계장을 운영하는 바로 그 사람이 자기 집에서는 고양이를 돌보고 산다면, 고양이와 삶을 나누고 또 그러한 가운데 심신의 평안이라는 중요한 이익을 취하며 산다면, 그는 필시 고양이를, 자기가 키우는 닭과는 달리 고유한 이익과 복지를, 고유한 의사와 판단력과 선택 능력을 갖춘 삶의 주체로 여길 것이다.

그렇다면 그 사람과 상대 동물의 관계가 공간상으로 그다지 가깝지 않다면, 적어도 이익과 관련해 완전히 무관한 관계라면 어떨까? 그 사람과 지리산 자락의 반달가슴곰의 경우처럼, 또 말레이시아 밀림에 사는 오랑우탄의 경우처럼, 또 태평양을 오가는 알락꼬리도요새 무리와 향유고래 모녀처럼 말이다. 그 사람은 이런 동물들에 대해 어떤 태도를 지녀야 할지를 두고 아무 생각 없이 살아도 괜찮은 걸까? 하지만 어느 날 친구가 고래 고기를 먹자고 전화를 한다면 어떨까? 아이의 손을 잡고 찾아간 해변에서 알락꼬리도요새들을 만나게 된다면, 자신의 아이가 그 새들을 너무나도 좋아한다면 어떨까? 늘 쓰던 샴푸에 말레이시아 밀림, 서식지를 잃은 오랑우탄의 눈물(팜유 플랜테이션에서 생산되어 한국으로 들어와 샴푸에 들어간 팜유)이 담겨 있다는 사실을 어느 날 우연히 알게 된다면 어떨까? 친구들과 함께 지리산에 들어갔다가 반달가슴곰과 만나게 된다면 어떨까?

그렇다, 만나지 않는다면 무관할지도 모르며, 만나지 않는 한 상대방의 주체성을 인정할지 말지를 두고 태도를 정할 필요조차 없을

지 모른다. 그러니 문제는 만남, 마주침이다.

하지만 만남 그 자체보다는 어느 시점에서 어떻게 바라보느냐가 더 중요하다. 굿윈은 사냥꾼들의 시각에서, 사냥꾼들이 마주친 곰을 그렸고, 시턴은 곰의 시각에서, 곰이 마주친 인간들을 이야기했다. 저 사냥꾼(인간)의 시각과 곰의 시각은 영원히 평행선을 달릴 수밖에는 없는 걸까? 그렇지 않을 수 있다는 것을, 시턴은 곰의 시각을 취함으로써 우리에게 보여주었다.

사랑이란 '지옥에서 구해주는 것'

• 리처드 앤스델, 어니스트 시턴, 카를 히르슈베르크

1

현재 지구상에는 300종이 넘는 견종이 살아가고 있다고 한다. 국제애견협회Fédération Cynologique Internationale가 집계한 공식 품종 수는 약 340종이니, 기억하기 편하게 300종 이상이라고 해보자.

300종이 넘는 견종 가운데 콜리collie는 본시 양치기용으로 키웠던 견종이다. 스코틀랜드가 고향인데, 그래서인지 영국인들 그리고 '신세계'로 넘어간 영국인들과 후손들로부터 두터운 애정을 받아온 품종이다. 즉 콜리는 앵글로아메리칸 세계의 개라 할 만하다.

영국 화가 리처드 앤스델Richard Ansdell(1815~85)의 그림에는 개가 자주 등장하는데, 콜리도 그중 하나다. 콜리와 함께 삶을 꾸려갔던 사람들의 풍속을 우리는 앤스델의 그림으로 엿볼 수 있다. 이를테면 〈콜리, 염소, 양Collies, Ewe and Lambs〉 같은 작품을 보면, 과연 이 개가 양치기 용도로 기르고 돌보던 개였음을 대번에 알아볼 수 있다. 이 작

리처드 앤스델, 〈콜리, 염소, 양〉

리처드 앤스델, 〈새 잡는 개, 토끼 사냥, 풍경〉,
1869

품에서 우리는 사람(목동, 양치기)을 대신해서 염소와 양을 지키고 관리하는 관리자 동물을 보게 된다. 한편 앤스델의 다른 작품 〈새 잡는 개, 토끼 사냥, 풍경Bird Dogs, Hunting Rabbit, Landscape〉(1869)은 이 녀석들이 양치기라는 본업을 넘어 주인이 벌인 여러 사업에 적극 참여했던 일꾼들임을 짐작하게 해준다. 왜 아니겠는가, 콜리는 영준英俊하기로 유명한 녀석들이다.

2

콜리가 얼마나 스마트한 개인지 말해주는 실화 한 편을 소개할까 한다. 시턴이 쓴 〈내 괴짜 친구, 빙고〉에 나오는 이야기로, 이야기에는 시턴 자신이 등장한다.

시턴은 우연히 콜리라는 종의 우수함을 알고는 그만 소유욕에 사로잡히고 만다. 종내 그 욕망을 실현하게 되는데, 콜리 혈통을 가진 어린 강아지를 우연히 얻게 된 것이다. 시턴은 그 강아지에게 '빙고'라는 이름을 지어준다.

본격적인 이야기는 빙고가 사춘기에 접어들면서 시작된다. 이 무렵 빙고의 이야기에는 먹구름처럼 어두운 색조가 깔리기 시작한다. 사춘기를 지나며 빙고가 선조인 늑대 본연의 야성을 드러내기 시작하기 때문이다. 그러나 빙고는 영리해서 자신의 야성을 쉽사리 인간에게 들키지 않는다. 오직 밤에만 야성을 발산하는 것이다. 이를테면, 녀석은 캄캄한 어둠이 찾아들면 들판을 쏘다니며 죽은 말고기를 먹거나 코요테, 늑대들을 혼내주거나, 아니면 어느 늑대에게 호되게 당해서는 돌아오곤 했다. 밤만 되면 하이드로 변신했던 지킬 박사처럼, 빙고도 밤만 되면 인간의 구속에서 벗어나 자유로운 야성의 동물로 변신했던 것이다. 한편, 빙고는 맘에 차는 암컷 코요테를 거느릴 정도로 다부지고 호탕한 기질의 소유자이기도 했다.

진짜 이야기는 어느 해 겨울, 시턴이 돈 욕심을 부리며 시작된다. 그해 겨울, 시턴은 털가죽을 팔아 지갑을 불릴 요량으로 늑대와 여우를 많이 잡아들인다. 과유불급過猶不及이라 했던가, 지나치게 욕심을 내던 그에게 불운은 악령처럼 다가온다. 어느 날, 그는 코요테 한 마리를 잡고서는 덫을 추가로 설치하다가 어리석게도 자기가 이미 설치해둔 덫의 위치를 헷갈려서는 전에 놓았던 덫에 손을 물리고 만다. 제 꾀에 넘어간 격이랄까. 설상가상, 덫에서 헤어나려고 애를 쓰다가 왼쪽 다리마저 덫에 물리고 만다. 문제는 덫들이 말뚝에 단단히 매여 있었다는 사실이다. 그러니까 시턴은 덫에 물려 꼼짝도 할 수 없었던 것이다.

아무리 발버둥 쳐도 도저히 빠져나올 수 없는 저주 어린 늪의 입속에 들어가고 말았음을 알아차리고, 이를 받아들이는 데는 그리 많은 시간이 필요치 않았다. 하지만 마지막 방법이 하나 있기는 했다. 누가 근처에 있는 스패너를 가져다주기만 한다면⋯⋯. 그러나 시턴이 이곳까지 사냥하러 나섰다는 사실을 아는 이는 주위에 아무도 없었다. 더욱이 여기는 사람들이 잘 다니지도 않는 곳이 아닌가⋯⋯.

겨울밤이, 한파가, 움직이지 못하는 그의 몸에 악귀처럼 내려오기 시작했다. 어디선가 코요테들의 울음소리가 들리더니, 이윽고 녀석들이 모습을 드러냈다. 이들은 우선 코요테의 사체를 끌어와 뜯어 먹고는 시턴의 동향을 살폈다. 한 녀석이 사냥총 냄새를 맡더니 서둘러 흙으로 덮었다. 그러고는 시턴이 제대로 몸을 가누지 못하는 처지임을 이내 간파하고는, 그의 얼굴을 향해 제 포악함을 드러내며 으르렁거리기 시작했다. 그게 신호라는 듯, 다른 녀석들도 다가오기 시작했다. 지옥문이 열린 것이다.

이것은 1886년 겨울에 실제 일어난 사건으로, 시턴이 사망한 해는 1946년이다. 대체 그는 어떻게 살아난 걸까?

코요테 무리가 말뚝과 덫에 묶여 꼼짝 못 하고 있던 시턴에게 다가오던 찰나, 크고 검은 늑대 한 마리가 숲속에서 홀연 나타나 코요테 일당을 일거에 쓸어버리는 기적이 일어난다. 그러나 그건 늑대가 아니라 다름 아닌 빙고였다. 왜 시턴이 돌아오지 않는지 모두가 궁금해하고만 있을 때, 빙고는 직접 그를 찾아 나섰던 것이다. 악당들을 처치한 빙고는 시턴의 말을 알아듣고는 스패너를 그에게 가져다준다.

그처럼 영특한 빙고이건만, 말고기 맛에는 눈이 뒤집혔던 모양이다. 어느 날, 독이 묻은 말고기를 먹다가 죽을 지경에 이르자, 신음하며 빙고가 찾아간 곳은 녀석이 어릴 적 자라던 시턴의 오두막집 문 앞이었다. 죽음의 문턱에서 시턴을 구했던 빙고는, 자기에게 찾아온 죽음의 문턱에서는 시턴을 부르다 죽어간 것이다……

3

이 감동적인 짧은 이야기는 콜리라는 품종의 뛰어난 지능에 관한 보고 서는 아니다. 개와 인간이 나눌 수 있는 깊은 우정에 관한 이야기만도 아니다. 이것은 차라리 사랑의 본질에 관한 담론이다.

사랑이란 무엇인가? 사랑이란, 독일 화가 카를 히르슈베르크 Carl Hirschberg(1854~1923)의 〈큰형Big Brother〉이 보여주는 것처럼, 행 복을, 행복감으로 충일한 시간을 공유하는 행동이다.

그러나 그보다 먼저 사랑은, 빙고가 시턴에게 그러했듯, 사랑하 는 이를 '지옥에서 구해주는 행동'일 것이다. 적어도 그것은 지옥에서 구해주기 위해 분투하는 행동이다. 물론 행복을 공유하는 행동과 지옥 에서 구해주려는 행동이 물과 기름처럼 확연히 둘로 갈라지는 것은 아 니겠으나, 후자가 실현되지 않는다면 전자는 영영 불가능하다는 점에 서 언제나 후자가 먼저다.

이를테면, 케어CARE 박소연 씨 사태로 여러 문제가 한꺼번에 불거져 나왔지만, 그중 최상위의 문제는 단연 개 농장이라는 지옥의 문제임을 직시하자. 개가 입에 전기 봉을 물고 죽어가는 지옥. 고통받 으며 죽어가는 인간의 친구를 살리지 못하는 지옥. 그렇게 죽은 개를, 개의 고통을 먹어 치우는 지옥. 이런 미친 짓을 막지 못하는 지옥. 이 모든 지옥에서 우리 자신을 구해야만 한다. 우리는 지금 분투만이 사 랑을 입증하는 상황에 놓여 있다.

카를 히르슈베르크, 〈큰형〉

폐기물로 시작된, 인간과 개의 인연

• 얀 빌던스, 윌리엄 스트럿

1

17세기에 활약했던 서유럽의 화가 얀 빌던스Jan Wildens(1586~1653)
의 그림 〈사냥꾼, 개, 겨울 풍경Winter Landscape with Hunter and Dogs〉
(1624)은 작품이 창작된 시공간과 현재 우리의 시공간에 커다란 격차
가 있음에도, 퍽 친숙하게 다가온다. 말할 것도 없이, 우리가 늘 봐왔던
동물들이 그림의 소재로 등장하기 때문이다.

　그러나 등잔 밑이 어둡다고 했던가, 이 그림에서 우리가 발견하
는 두 종류의 동물은 우리가 가장 이해하기 힘든 동물들이기도 하다.
인간이란 어떤 존재인가라는 질문에 우리는 어쩌면 영원히 답을 구할
수 없을지도 모른다. 하지만 그런 사정은 인간만이 아니라 개의 경우
에도 비슷하다. 개판, 개망나니, 개똥철학, 개망신, 개떡, 개꿈, 개나리,
개살구……. 이런 단어들을 쉽게 주워섬기며 '개'라는 기표에 엉뚱하게
삽입된 '저속성, 범속성'이라는 기의를 무심결에 재생하고들 있지만,

얀 빌던스, 〈사냥꾼, 개, 겨울 풍경〉, 1624

개는 결코 저열하거나 천박한 동물도 아니고, 더욱이 쉽게 이해할 수 있는, 단순하거나 뻔한 동물도 아니다.

정말로 개는 가장 이해하기 힘든 동물에 속할까? 우리가 개라고 부르는 동물은 대체 어떤 동물일까?

우선 개는 인간을 돕는 조력자이자 인간의 도구였지만, 지금은 인간의 친구가 된 동물이다. 그러나 조력자, 도구, 친구 같은 용어로는 전모가 파악되지 않는, 늑대의 기이한 변종이기도 하다. 성격도 종마다 개체마다 총천연색이어서, 어떤 녀석은 소처럼 온순한가 하면 어떤 녀석은 살쾡이처럼 괴팍하고, 어떤 녀석은 고양이만큼이나 영특한가 하면 어떤 녀석은 코요테처럼 아첨에 능하다. 또 어떤 녀석은 늑대처럼 용맹한가 하면 어떤 녀석은 여우처럼 교활하다.

하기야 300종이 넘는 품종breeds을 거느린 이 녀석들을 마치 하나의 종species인 양 취급하는 것 자체가 애당초 말이 되지 않는다. 또, 설혹 같은 품종이나 아종subspecies에 속한다 해도 개별자들이야 성격이 모두 제각각일 테니, 성격에 관한 어떤 일반화도 가당치 않다.

그런데 사태가 그러한 까닭은, 이 동물이 지구사의 시간으로 보면 꽤 '최근'에 생겨난 완연히 새로운 유형의 생물종일 뿐만 아니라, 인간에 의해 유전자가 계속해서 좌우되며, 단기간에 수백 갈래 계통으로 가지를 쳐온 대단히 예외적인 동물군이기 때문이다. 인간의 여정과 발맞추며 진화를 이어온 동반자 동물, 기생 동물이랄까.

위에서 이야기한 '최근'이 언제냐를 두고 지금도 학자들은 논쟁을 지속하고 있다. 어떤 이들은 그 시기를 십수만 년 전으로 추정하고 있다. 그 무렵 회색 늑대의 한 아종이 인간 집단을 따라다니기 시작했다는 것이다. 가령《개에 대하여》의 지은이 스티븐 부디안스키Stephen Budiansky에 따르면, 늑대 무리에서 갈라져 나온 이 최초의 이탈자들은 결코 인간에게 길들여진 이들이 아니다. 정반대로, 이들은 인간 집단이 자신들에게 유용하다는 판단하에 인간을 따라다니기로 스스로 결정했다. 즉 개라는 종의 시조始祖 격인 이들은 인간 집단에 완전히 귀속되지는 않은 채, 인간들 근처에서 어슬렁거리며 필요한 만큼만 이득을 취하며 살아갔다는 것이다. 그리고 이들의 후손들이 아예 인간을 우두머리로 모시며 살게 된 것은, 한참 뒤에 일어난 일이라는 것이다.

하지만 그렇다면, 나는 궁금하다. 무엇이 이들 최초의 이탈자들, 모험가들에게 매력적인 요소였던 걸까? 자신들의 세계에는 없지만, 인간들의 세계에는 있는 그것. 재미있는 것은 바로 그것이 우리 자신, 즉 인간이 어떤 존재인지를 처연히 알려주는 하나의 결정적 표식이라는 사실이다. 그건 한마디로 '쓰레기'(이 단어를 폐기하고, '폐기물'이라고 불러야 한다)라고 우리가 쉽게, '폄하'와 '혐오'의 느낌을 '얹어' 부르며 마음 편히 집 밖으로 내버리고 있는, 지구에서 생겨난 여러 물질이다. 즉 이 최초의 모험가들은 인간들을 따라다니며 인간들이 먹다 버린 것을 잘 챙겨 먹는 쪽이, 생명의 위험을 무릅쓴 채 사냥하는 쪽보다 훨씬 더 효율적인 생존 양식이라고 판단했던 것이다.

물론 이것은 부디안스키의 추론일 뿐이지만, 이 추론은 개와 인간의 본성에 관해 다시금 사색할 기회를 선사한다.

첫 번째 사색 거리—소파나 안락의자를 차지하고 있는 녀석들이 아니라, 영국 화가 윌리엄 스트럿William Strutt(1825~1915)의 그림 〈포트럭Pot luck〉에 나오는 녀석들, 즉 도시나 농촌을 떠돌아다니며 인간이 남긴 음식 찌꺼기를 노리는 부랑자 개들이야말로 개의 원형이며 처음으로 자연사의 무대에 기생 동물로서 등장했던 개들 본연의 모습이라는 것. 그러나 이 '기생'을 달리 말하면 '기댐'이고, 생물학적 의미의 공생이라는 개념 또한 기생 개념을 포괄하고 있다. 더욱이, 처음에 개 쪽에서 인간에게 기대기 시작했다고 해도, 이런 일방향적 기댐은 차츰 쌍방향적 기댐으로, 즉 쌍방향의 에너지 교환으로 진화해간다. 이것은 곧 개들의 역사를 삭제한 채 인류의 역사를 적확하고 풍성한 언어로 현실감 있게 서술하기란 불가능함을 시사한다. 생태사와 인간사를 양분할 수 없듯, 개의 역사와 인류사, 인류의 문화사는 둘로 나눠 서술될 수 없다.

두 번째 사색 거리—호모사피엔스는 폐기물을 제 서식지 외부에 배출하고 축적한 지구 역사상 최초의 생물종이라는 것. 지구에 자신들의 폐기물을 퇴적시키면서 호모사피엔스는 비인간 유기체들 모두가 따르고 있는 생명의 법칙(가령, 에너지 소비량, 물질 대사량의 규모에서 언제나 자기 제한적이며(안분지족安分知足하며), 전 지구적 차원의 순환 회로를 교

윌리엄 스트럿, 〈포트럭〉

란하는 행동은 결코 하지 않는다는 법칙)에서 이탈하기 시작했다. 이러한 이탈은 단순히 인간이 폐기물을 지구에 배출했다는 것만을 의미하지 않는다. 이러한 이탈의 본질은 생태적 부담을 인간 사회 내부에서 감당하지 않고 외부로 떠넘긴다는 것이다(생태적 부담 처리 책임의 외부화). 이 부끄러운 사실을, 오늘도 우리 곁에서, '폐기물 배출자'라는 호모사피엔스의 (잠재적) 면모를 일찍이 간파했던 명민한 늑대의 후손들이, 우리 자신에게 서늘히 고지해주고 있다. 그런 의미에서, 개는 인간의 생태적 범죄라는 역사의 배에 동승한 공범이다.

친밀감 또는 거리감, 동물이 살아가는 방식

• 도메니코 디 바르톨로, 알렉세이 스테파노프, 브리턴 리비에르

1

1940년 미국에서 처음 방송된 이래 무려 80년 넘게 (재)방영되고 있는 만화 영화 〈톰과 제리〉에는 만나기만 하면 서로 잡아먹지 못해 안달인 두 동물이 등장한다. 반려동물의 지위를 획득했다는 점에서는 같지만, 놀이를 즐긴다는 점을 제외하면 유사점이 거의 없는 두 동물. 늑대에서 갈라져 나와 인간세계에 슬쩍 끼어든 이들의 후손은 스파이크가, 인간에 의해 길들여졌다고 하는 일부 고양이 속屬 동물의 후손은 톰이 각각 대변한다. 물론 주인공은 고양이 톰과 쥐 제리이지만, 이 둘의 놀이나 혈투에 스파이크는 양념처럼 끼어들어 늘 톰과 대립각을 세우는 것이다.

고양이와 개의 이 앙숙 관계, 짧게 말해 견묘지간犬猫之間은 세계 어디서나 관찰할 수 있었던 모양이다. 동서고금의 적지 않은 회화 작품에서 둘의 대립이라는 화제를 어렵지 않게 만나게 되니 말이다.

15세기 이탈리아 화가 도메니코 디 바르톨로Domenico Di Bartolo (?~1446)가 남긴 〈환자 간호The Care of the Sick〉(1441~42)도 그중 하나다. 이 작품에서 개와 고양이가 서로 드러내 보이는 악감정은 주변적 이야기 또는 배경 요소로 취급되어 있는 듯하지만, 실상은 간호라는 인간의 온정 어린 행위를 보완하는 역할을 하고 있다. 세계는 치유와 선의와 평화의 무대만은 아니다. 장막 뒤에서는 분쟁과 대립, 전쟁이 들끓고 있다. 그런 말이 개와 고양이 형상에 숨어 있다.

중요한 건 악감정을 서슴없이 드러내는 대립 집단을 개와 고양이가 늘 표상했다는 것이다. 왜 그런 걸까? 프랑스의 철학자이자 작가인 장 그르니에Jean Grenier는 모든 동물이 개와 고양이로 각기 표상되는 두 유형으로 분류될 수 있다고까지 했다. 동물은 두 가지 살아가는 방식이 있는데, 개는 '친밀감'의 동물 집단을(말, 토끼, 비둘기……), 고양이는 '거리감'의 동물 집단을(원숭이, 앵무새……) 각기 대표한다는 것이다(자세한 내용은 장 그르니에, 《어느 개의 죽음》 참고). 하지만 그르니에는 정확히 무슨 근거로 그와 같이 범주화한 걸까?

2

개의 특성과 관련하여, 개가 우리 인간처럼 사회적 동물이라는 가장 기본적인 사실부터 짚고 넘어가자. 이들은 사회성이 유독 강한 동물인 늑대의 후손으로서, 개가 인간 사회에 편입될 수 있었던 결정적 이유도 또 다른 사회성 강한 동물인 인간의 삶의 규율을 쉽게 터득했기 때문이다. 즉 이들은 인간만큼은 아닐지 모르지만 협동에 능하고, 위계질서에 발 빠르게 적응하는가 하면, 지도자의 말에 순종하는 성향이 강하다. 인간 사회에 편입된 이들이 한 집안의 '가노家奴' 같은 역할을 넉넉히 수행했던 것도 다 이런 이유에서였다.

이 가노들은 무엇을 했던가? 여덟 마리의 충견이 등장하는 알렉세이 스테파노프Alexei Stepanov(1858~1923)의 〈사냥 후에After the Hunt〉(1894) 같은 작품에서 상상할 수 있듯, 최초 '직무'는 아마도 사냥이었을 것이다. 다시 말해, 이 가노들은 식량 공급이라는 인간의 최우선 사업에 가담했다. 그러나 이들이 부여 받은 직무의 목록은 계속 늘

어났다. 그 목록은 이러하다 — (가정) 보안, (양떼, 소 같은 가축) 관리, (노예, 수감자, 가축) 감시, (용의자, 실종자) 추적, (맹인 등 약자) 보호. 물론 이것은 일부에 불과하다. 이들은 때로는 이동 수단이 되어야 했고(개썰매등), 필요에 따라서는 서로의 알몸을 붙이고 인간을 위한 난방기 역할을(노르웨이의 경우) 하기도 했다. 심지어 어떤 문화권에서는 이런 직무들을 수행하다가 어느 날, 마을 사람들에게 잡아먹히기까지 했다.

그러나 정신적인 차원에서 인간이 이들에게서 얻었던 효용도 무시할 수 없다. 그들의 존재 자체가, 위계질서 속에 편입되어 상사의 지시나 명령에 굴신하며 살아가던 숱한 '을'들에게 위로가 되어준 것이다. 복종했던 '을'은 복종하는 개에게서 자기 모습을 발견하며 자기 연민에 빠지기도 했고, 늘 '을' 신세를 면치 못하는 자신에게조차 고개를 조아리는 개에게서 깊은 위로를 받았다.

브리턴 리비에르, 〈충성〉, 1869

　영국 화가 브리턴 리비에르Briton Rivière(1840~1920)의 어떤 작
품들은 바로 이러한 위로의 순간들을 포착하고 있다. 예컨대 〈충성
Fidelity〉(1869)에서 우리는 '구석'에서 딱하게 울먹이고 있는 소년과 그
의 마음을 어루만지려는 어느 영혼을 발견하게 된다. 이 위로는, 무결
점의 존재, 예컨대 고위 성직자 같은 이의 자애심의 발로가 아니다. 그
것은 상처 입은 적 있는 또 다른 '을'이 선사하는 위로다. 이 위로는 개
의 영혼 안쪽에서 그저 물이 솟아나듯 자연스럽게 솟아 나오고 있다.

시선을 옮겨 고양이 쪽으로 가보자. 고양이는 상처니 위로니 하는 따위의 '쓸모없는 수난'(장 폴 사르트르)이 가득한 연극 세계에서 멀찌감치 떨어져 살아가는 족속이다. 고양잇과科에 속한 제 친척들이 다 그러하지만, 고양이의 결정적인 특성은 독립생활(장 그르니에가 말한 '거리감')에 있다(단, 고양잇과 동물 중 사자만은 집단생활을 한다). 물론 암컷은 공동육아를 하며 때로 집단생활을 할 때도 있지만, 늘 그런 것은 아니다. 더욱이, 발정기에 있는 암컷이 수컷과 짝짓는 행태를 볼진대, 암컷은 꽤나 도도한 자세를 유지하는 데다 운우지정雲雨之情을 나눈 수컷의 지배도 받지 않는다(열 마리가량의 암컷이 수컷 한 마리의 지배에 놓이는 닭과 비교해보라!). 수컷 또한 스스로 정한 제 영토 안에서 주인 행세를 하며 살아가는데, 각자의 영토를 선선히 인정하는 '그 동네 법'이 또 있어서, 수컷끼리 영토 싸움을 벌이는 일도 거의 없다고 한다.

한마디로, 고양이는 남의 말이나 행동에 쉽사리 휘둘리며 살아가지 않는 주체성의 동물이다. 이들은 존재의 중심을 언제까지나 자기 안에 두려고 한다는 점에서, 자력 신앙을 품고 사는 이들, 선불교 수행자들을 닮았다. 그러니까, 누군가의 고양이 혐오나 누군가의 고양이 편애는 그 혐오와 편애의 주체가 어떤 사람인지를 넌지시 일러주는 사뭇 의미심장한 징표가 아닐 수 없다.

이들이 인간 사회에서 담당해야 했던(하는) 직무량 또한 개에 비하면 '새 발의 피'에 불과하다. 쥐 잡는 일 말고는 딱히 이들에게 기대하는 바가 없었던(없는) 것이다. 요새는 그 일마저 거의 사라지다시피 했으니 이제는 들녘으로 돌아갈 때도 되었건만, 이들에게는 도무지 돌아갈 의사가 없는 듯하다. 왜 아니겠는가. 인간들의 사바세계娑婆世界에 몸을 담그는 한, 종일토록 잠만 자며(하루 평균 13시간) 언제까지나 무위, 자적하는 한량으로 살아갈 수 있는 것을.

만사에 태연한 존재, 인간을 사로잡다

• 히시다 슌소, 세이 고야나기, 가와나베 교사이, 모리 칸사이

온종일 잠으로 소일하며(하루 13시간 정도 수면을 취하는데 내리 자는 것이 아니라 토막 잠을 잔다), 하는 일이 거의 없이 느긋하기만 하고, 홀로 지내는데도 외로움 같은 것은 타지 않는 존재. 언뜻 길들여진 듯하지만 결코 완전히 길들여진 것은 아닌 존재. 유능한 포식자로서 자기만의 영역을 확보하고 자기 운명을 스스로 좌우한다는 점에서, 자립적이며 자유분방한 존재.

이러한 존재이기에 고양이는 관찰자인 우리에게 깊은 인상을 준다. 고양이의 이러한 유별난 면모는 개나 양, 소, 말 같은 집 동물에게서는 찾아보기 힘들었던 데다, 무엇보다도 무리 동물의 일원이 되어 무리 속에서 길들여진 채 아등바등 살아가며, 그러면서도 늘 가슴 어딘가에서 허전함을 지워버리지는 못하는 우리 자신과도 사뭇 대비되기 때문이다. 그러나 인간이 무리 동물로서 살아간다는 말은 '물 탄 맥

주' 같은 언명이다. 맥주의 맛을 보려면, 무리 동물로 사는 운명이 우리의 생각과 삶을 어떻게 근원적으로 틀 지웠는가를 좀 더 소상히 들여다봐야 한다.

우선, 인간의 친사회적prosocial 성격을 지워버리면 우리 자신에 대해 말할 수 있는 것이 대부분 사라져버린다. 우리의 행동을 빚어내는 숨은 동력원은 남들과의 관계를 통해 빚어지는 이상적인 우리 자신에 관한 이미지이기 일쑤인 것이다. 이 상상된 이상적 이미지는 많은 경우 도덕 감정에서 유래한 것이지만, 이 도덕 감정 역시 사회적 효용 탓에 우리 안에 주형鑄型되었을 가능성이 높다. 그뿐만 아니라 우리가 특정한 도덕 감정을 내면화한 것 역시, 그렇게 하는 편이 생존에 유익하다고 판단했기 때문인 경우가 태반이다.

그렇다면, 순도 100퍼센트의 이타성이나 도덕심이란 인간 사회에서는 존재하지 않을 것이다. 마찬가지 이유로, 순도 100퍼센트의 고립이나 독립도 인간의 마을에서는 성립 불가능할 것이다. 도리어 우리는 '좋아요'를 클릭해주는 '좋아요 공동체' 속을, 이불 속을 파고드는 어린아이처럼 파고들며 안온감과 자기 효능감을 찾는 이들이어서, 이 공동체 만들기와 유지 관리에 각별히 애를 쓰곤(또는 애를 끓이곤) 한다.

이것은 도저히 벗어날 수 없는 늪과 같은 인간의 운명인 걸까? 운명을 질문하는 자, 운명에 도전하는 자가 인간 아닌가? 우리의 시선을 고양이에 고정하는 것은, 우리 안에 있는 이러한 질문과 도전이다. 인간과는 결이 다른, 인간의 한 가지 이상을 구현한 고양이의 존재는 그리하여 숱한 화가, 작가의 눈길을 끌었고, 작품들에 녹아들었다.

고양이를 여신(바스트Bast 또는 바스텟Bastet)으로 숭배했던 고대 이집트 인들만큼은 아니겠지만, 근대 일본인 중에는 고양이 오타쿠가 많았던 듯하다. 특히 만사에 태연한 듯한 고양이의 자태에 일부 근대 일본 화 가들은 열광했다(아니라면 당시 대중의 열광에 이들은 작품 제작으로 부응하며 돈벌이에 나섰다).

대표적인 인물은 아마도 우표에 실린 검은 고양이 그림으로 유 명한 히시다 슌소菱田春草(1874~1911)일 것이다. 그의 〈잠자는 고양이〉 (1883)에서 우리는 좀처럼 눈길을 떼기 힘든데, 메이지 격동기를 살았 던 이들의 영혼 깊은 곳의 욕구, 역사의 격랑에 휩쓸려 자기의 본질마 저 잃지는 않으려는 간절함이 작품에 일렁이고 있다면, 지나친 해석일 까?

이 '간절함'이 생략된 잠자는 고양이의 모습을 우리는 슌소보 다 스무 살가량 연하인 세이 고야나기小柳正(1896~1948)의 〈안락의자 위에서 잠자는 고양이〉(1920년대)에서 발견하게 된다. 이 작품 속의 잠 은 "사치와 평온과 쾌락"(샤를 보들레르의 시구로, 앙리 마티스와 장자크 상폐 가 작품 제목으로 사용했다)의 잠이다. 나쓰메 소세키夏目漱石(1867~1916) 의 《나는 고양이로소이다》(1905~06년 연재) 이후, 더 중요하게는 일제 의 조선 강점 이후에 나온 작품으로, 어쩐지 제국주의의 단물 또는 '탈 아입구脱亜入欧의 감성' 같은 것이 배어 있는 듯싶어 영 정이 가지 않는 데, 유독 나만 그런 걸까?

히시다 슌소, 〈잠자는 고양이〉,
1883

히시다 슌소의 그림이 들어간
우표

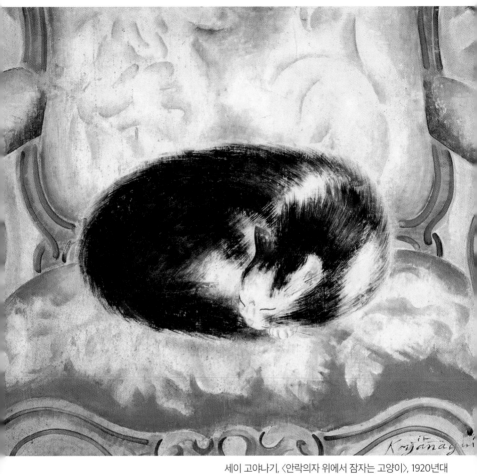

세이 고야나기, 〈안락의자 위에서 잠자는 고양이〉, 1920년대

가와나베 교사이, 〈잠자는 고양이〉, 1885~89

모리 칸사이, 〈심취한 고양이와 나비〉, 19세기

고야나기의 이 작품에서 '사치와 쾌락'을 콕 집어 빼내면, 그의 조부 세대에 속하는 가와나베 교사이河鍋曉齋(1831~89)의 멋진 작품 〈잠자는 고양이〉(1885~89)가 된다. 잔잔한 호수의 표면 같은 느낌을 붙들어놓은 이 작품에는 순소가 느꼈을 역사의 강압도, 고야나기의 작품에서 느껴지는 아무 생각 없는 태평도 찾기 어렵다. 나아가 '신경 끄기', '반응하지 않기', '열심히 살지 않기', '소소한 것에서 행복 찾기' 같은 당대의 처세술에서 느껴지는 어떤 소아병적인, 자폐적인 집착도 찾을 수 없다. 평온하면 (외부로) 닫히는 것이 아니라 도리어 열리게 되는데, 이러한 열림이 이 고양이의 미소에 담뿍 맺혀 있지 않은가. 또는 이 고양이의 미소는 삶의 묘리를 터득하여 안심하게 된 자의 득의의 미소는 아닌가.

한편, 교사이의 이 작품에서 명상적 성격만을 분리 추출해 다른 그림으로 연금鍊金해보면, 모리 칸사이森寬齋(1814~94)의 〈심취한 고양이와 나비〉가 된다. 간사이의 이 고양이는 앞서 본 고양이들과는 다르게, 웅크린 가운데 날고 있다. 다른 고양이들은 무거운 중심을 거느리고 하강해 있는데, 이 고양이만은 그것을 버리고 비상하고 있다. 감은 듯 뜬 눈, 또는 뜬 듯 감은 눈. 나비는 바로 이러한 비상하는 존재의 상징이다. 영원하며, 그 전모를 헤아릴 길 없는, 유장히 변천하는 우주의 흐름에 합체된 어떤 개체의 모습이랄까. 어떤 일이든 능히 해낼 수 있는 무위의 힘이랄까. 그런 것이 여기 응축되어 있다. 칸사이의 이 작품은 분명코 인류의 고양이 탐구, 그 정상이다.

여러 얼굴을 한 고양이

• 에두아르 마네, 테오필 스탱랑, 변상벽, 우타가와 히로시게,
  브루노 릴리에포르스, 마르그리트 제라르

1

만사에 태연한 탈속자 이미지는 인류가 고양이에 관해 가졌던 하나의
이미지일 뿐이다. 고양이를 일종의 명상가로 상징화한 화가도 찾아보면
의외로 많지만, 실은 다른 식으로 고양이를 묘사한 화가가 훨씬 더 많다.

이를테면 〈올랭피아Olympia〉(1863)라는 작품에 옷 벗은 여인
과 더불어 검은 고양이를 그려 넣었던 에두아르 마네Edouard Manet
(1832~83)도 그런 이들에 속한다.

〈올랭피아〉는 흔히 시선과 권력에 관한 그림으로 해석되곤 한
다. 이 해석에 따르면, 누드화에 등장하는 여성은 이 작품이 나오기 전
에는 결코 시선의 주체가 되지 못했다. 옷을 벗은 여성이란 주체가 되
어서는 안 되는 존재였기 때문이다. 그 여성은 어디까지나 감상 대상,
피동적 대상체, 권력 없는 인간, 권력자를 똑바로 바라보지 않는 인간
에 머물러야만 했다. 마네의 이 그림은 바로 이러한 금기를 깸으로써

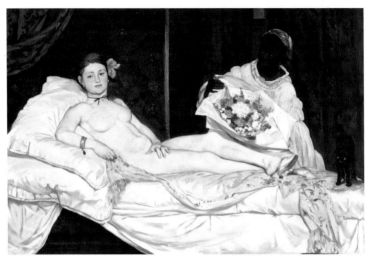

에두아르 마네, 〈올랭피아〉, 1863

역사에 길이 남게 되었다.

하지만 그림 속 여성은 그렇다 치고, 옆에 있는 검은 고양이는 대체 무얼까? 마네는 왜 검은 고양이를 이 그림에 삽입했을까? 그림에 가득한 어떤 도발성을, 권위에 아랑곳하지 않는 과감함을, 누구 앞에 서나 무람없이 성적 자기표현을 하는 솔직함을 이 동물도 함께 은유하고 있다고 해석하면 될까?

아니면 이 그림은 고혹적인 여성과 고양이를 함께 그려 넣던 회화사의 한 전통을, 그러니까 샤를 부티본Charles Boutibonne(1816~97), 루시우스 로시Lucius Rossi(1846~1913), 세실리아 보Cecilia Beaux(1855~1942) 같은 이들의 작품에서 쉽게 확인할 수 있는 전통을 그저 따르고 있을 뿐일까? 분명한 것은 이 고양이가 자유롭게 성욕을 드러낼 수 있는 자를 표상한다는 것이다.

　이 기묘한 동물은 야행성 기질, 간교함, 완전히 길들일 수 없음, 도무지 알 수 없는 속내를 은폐하고 있음을 상징하는 알레고리이기도 해서, 10세기 이후 오래도록 (심지어 근대의 여명이 시작되던 무렵까지도) 유럽에서 고양이는 악녀, 마녀, 악마, 이교도를 상징했다. 중세 유럽에서는 축제 기간에 죄 없는 고양이들이 거리로 내몰려 괴롭힘을 당하거나 살해되었다는데, '고양이의 악마화'라는 작업이 선행되지 않고서는 불가능한 행태였을 것이다.

　테오필 알렉상드르 스탱랑Théophile Alexandre Steinlen(1859~

테오필 스탱랑, 〈의자 위의 고양이〉, 1900~02

1923)의 작품 〈의자 위의 고양이〉(1900~02)에서 우리는 바로 이러한 충동, 즉 고양이를 악마화하려는 충동과 조우하는 듯하다.

간교함과 영묘함은 종이 한 장 차이 아닐까? 고양이의 영묘한 면모를 가장 잘 포착한 화가로는 조선 후기 화가 화재和齋 변상벽卞相璧 (1730~75)을 꼽아야 마땅하다. 변상벽은 고양이를 너무나도 잘 그려 '변묘卞猫'라는 별칭을 얻은 화가인데, 지성이 번득이는 고양이의 눈빛을 그만큼 실감나게 지면에 옮겨놓은 화가가 인류 회화사에 또 있는지, 나는 알지 못한다.

한편, 고양이는 사회의 가장자리에서 사회를 향해 이러쿵저러쿵 말하기 좋아하는 작가, 예술가, 평론가, 학자 같은 아웃사이더의 상징이기도 했다. 우키요에 예술가 우타가와 히로시게歌川広重(1797~1858)의 작품 〈에도의 100가지 유명한 풍경—창가의 고양이〉(1857)에서 우리는 그저 한 마리 고양이가 아니라, 세상의 관찰자이자 논평가, 사회의 아웃사이더, '창가의 존재'를 본다.

마지막으로, 우리는 이 녀석들이 고양잇과 동물에 속하는 능숙한 포식자라는 사실을 꼭 짚고 넘어가야만 한다. 고양잇과 동물은 하나같이 몸이 요기yogi처럼 유연하고 날렵한데, 몸만큼이나 총기도 뛰어나서 사냥에 능수능란하지만, 우리는 곧잘 이 사실을 새카맣게 잊고 살아간다. 스웨덴의 걸출한 자연화가 브루노 릴리에포르스Bruno Liljefors(1860~1939)는 〈고양이와 유럽 녹색딱따구리〉(1890) 같은 작품에서 우리의 망각을 깨우며 육식하는 고양이의 모습에 시선을 돌리게 한다. 그렇긴 하지만, 고양이는 새보다는 다른 동물의 살을 선호하는

변상벽, 〈국정추묘菊庭秋猫〉, 18세기 중반

우타가와 히로시게, 〈에도의 100가지 유명한 풍경―창가의 고양이〉, 1857

브루노 릴리에포르스, 〈고양이와 유럽 녹색딱따구리〉, 1890

마르그리트 제라르, 〈고양이의 점심 식사〉, 1800년경

동물이라는 점도 더불어 기억하기로 하자.

그런데 문제는 단순히 고양이가 육식하는 포식자라는 사실이 아니다. 반려묘와 함께 사는 이들이 늘면서, 고양이 앞으로 헌납되는 동물의 살점이 급격히 늘었다. 그것이 오늘 우리의 문제다. 마르그리트 제라르 Marguerite Gerard(1761~1837)의 〈고양이의 점심 식사〉(1800년경)에서처럼, 반려묘가 있는 가정에서는 이들을 깍듯이 모시며 여러 동물의 살점을 이들에게 진상하고 있는 것이다.

미국의 심리학자 할 헤르조그 Hal Herzog가 《우리가 먹고 사랑하고 혐오하는 동물들》(2010)에서 보고한 사태의 진상은, 작금의 사태가 얼마나 심각한지 깨우쳐준다. 헤르조그가 조사한 바로는, 당시 미국 내 고양이는 약 9400만 마리로, 고양이 한 마리가 하루에 2온스 (56.7그램)의 고기를 먹는 경우, (미국 내에서) 매일 300만 마리의 닭이 고양이들의 배 속으로 들어가는 꼴이었다. 물론, 이것은 비단 미국만의 문제는 아니어서, 이른바 반려묘 문화의 장래를 생각할 때 반드시 생각해봐야 하는 시대의 골칫거리다.

2

자, 복잡해진 머릿속을 정리해보기로 하자. 종잡을 수 없는 동물인 고양이의 전모를 화폭에 고스란히 옮기는 일은 아마도 실현하기 어려운 기획일 것이다. 아이작 뉴턴은 무지개 색깔을 처음에는 다섯 개로, 나

중에는 일곱 개로 명시했고 그래서 우리는 어릴 적 무지개가 일곱 색깔로 되어 있다고 배웠지만, 7이란 기껏해야 임의적 숫자일 뿐이다. 자외선, 적외선 영역에 있는 색깔들이 무지개에 엄연히 존재하지만, 우리의 육안으로는 그것들을 볼 도리가 없기 때문이다. 마찬가지로, 고양이를 화폭에 옮겨보려는 모든 미술의 시도란, 사물을 의인화해서 보려 하거나 사물의 실상이나 본질을 파악해보려는 성향을 지닌 호모사피엔스로서는 뿌리치기 어려운 유혹이겠지만, 고양이의 실제에 관한 온전한 앎으로 우리를 인도하기에는 역부족일 수밖에는 없을 것이다.

그렇다면, 우리는 이렇게 말해야 하는 걸까? 여보게, 모든 그림은 회색이며, 영원한 것은 오직 고양이의 저 푸른 눈빛이라네.

범, 동화와 국경 밖으로 내쫓긴 산군

· 민정기, 추일계, 목계법상, 가츠 교쿠슈, 유숙

1

한국은 1000년이 넘도록 콩과 곡장穀醬(간장, 된장, 청국장)의 종주국 지위를 누려온 국가이건만, 희한하게도 어른과 아이를 막론하고 콩과 장에 대한 자부심이 없다.

마찬가지로, 예濊(동쪽)와 맥貊(밝음)의 나라인 이곳은 대대로 야생림이 울창한 산국山國이었고, 이 땅에서 나라를 세우고 경영했던 우리의 선조들에게는 산을 중시하는 사상이 깊었건만, (한국전쟁 이후의 시대인) 당대를 사는 우리에겐 이러한 전통에 대한 자각이 턱없이 빈곤하기만 하다. 가령, 조선 시대까지만 해도 산은 이 땅의 사람들에게 자신이 온 곳이자 결국 돌아갈 곳, 생명의 태반 같은 곳이었다. 그렇기에 아기가 태어나면 탯줄을 산에 묻었고, 누군가 죽으면 마을 뒷산에 마련한 산소에 묻으며 장사 지냈다. 또한 16세기 조선에는 약 255개 고을에 진산鎭山이 있었다는 기록이 남아 있는데, 진산이란 마을을 지켜주는 산을 의미한다. 산은 고향이기도 하지만, 마을의 수호신이기도 했던 셈이다. 산이 없다면 사람도 없다는 인식이 당시에는 이렇게나 강했다. 물론, 산을 신성시한 나머지 목재 채취마저 금지했던 건 아니다. 오히려 조선 시대에 들어서는 과도한 목재 벌채로 산림 면적이 계속 줄어들어 마침내는 산림이 황폐화되는 지경에 이르기도 한다(특히 19세기에는 그 정도가 매우 심해진다). 그러나 그에 따라 산소 문화나 진산 사상이 사라진 것은 또 아니었다.

지금은 어떤가. 개발주의 시대를 거치며 한반도 남쪽에서 산은 고향도, 수호신도 더는 아니다. 이제 산은, 필요하다면 언제라도 깎아내고 밀고 뚫어도 되는, 말 못 하는 일개 사물로 환원되고 말았다. 산을 고스란히 보전해서 후손에게 건네주는 일보다는 통신 기지국과 송전망과 터널과 고속도로와 고속철도와 스키장, 리조트, 카지노 따위를 건설하고 설치하는 일이 수백 배는 더 중요한 나라에서 우리는 살고 있다.

2

뼈아픈 단절. 이것을 적나라하게 보여주는 상징적 동물은 아마도 범(호랑이)일 것이다. 한국을 한마디로 정의해보라면, 모든 유아에게 '호랑이와 곶감' 이야기를 들려주지만, 정작 호랑이 따위는 아무도 두려워하지 않는 나라라고 말해도 좋을 것이다. 하기야 동물원 밖에서 본 적이 없으니, 어찌 두려움을 알까. 한국은 한때 범이 많았던, 그러나 범을 잃고 만, 아니라면 범을 쫓아내고 만 나라다. 아니, 범이 버린 나라라는 표현이 더 나을까. 지금 코리아에서 범은 동화가 아니면 창살에 갇히고 말았다.

민정기(1949~)의 작품 〈인왕산 호랑이〉(1996)는 그래서 고맙고 반갑다. 우리가 상실한 '범과 함께 산 전통'을 새삼 환기해주고 있으니 말이다. 그림은 이렇게 외치는 듯싶다. 인왕산이 눈에 보인다면, 인왕산을 호령하던 범을 기억하라. 그대가 범의 나라에서 나고 자랐음을 결코 잊지 마라. 인왕의 기상을, 범의 기상을 그대도 배워라.

우리 조상들은 범을 '산군', '산왕', '산신령'이라 불렀다. 범을 산이라는 또 다른 세계의 왕으로 본 것이다. 산에서는 산군이, 산 바깥 인간세계에서는 임금이 통치한다고 생각했다. 범이 준 공포와 범을 향한 외경은 둘이 아니었던 것이다.

문제는 이러한 외경을 단순히 과학에 몽매한 이들의 어리석음으로 치부하기 어렵다는 점에 있다. 우선, 범은 제 분수를 모른 채 닥치는 대로 잡아먹는 포악한 포식자가 아니다. 냄새를 잘 알아채는 야콥슨 기관Jacobson's organ, 인간보다 여섯 배 높은 시력, 고도의 민첩성과 지능을 갖추어 제 영토를 느긋이 지배하며, 절도에 맞게 먹고 숲의 동물 질서를 반듯이 세우는 신령한 동물이 바로 범인데, 15세기에도 그러했고, 21세기인 지금도 그러하다.

데본기 후기인 약 3억 6000만 년 전, 지구에 육상동물이 처음 나타난 이래, 적어도 지구에 포유동물이 번성하기 시작한 6500만 년

민정기, 〈인왕산 호랑이〉, 1996

전 이래, 지상 최고의 지능을 선보인 두 종의 동물은 아마도 범과 인간일 것이다. 그런데 공교롭게도 범의 서식지는 한국이 속한 땅, 한민족이 깃들여 살아온 땅인 아시아다. 북몽골에서 뻗어 나왔고, 동북아의 넓은 지역 곳곳에 삶의 뿌리를 내렸던 옛 한국인에게 범과의 마주침과 공생은 필연이었다.

2017년 국제자연보전연맹IUCN 산하 캣 스페셜리스트 그룹Cat Specialist Group의 캣 분류 태스크 포스가 정한 바에 따르면, 범은 크게 두 개의 아종으로 분류된다. 하나는 아시아 대륙에 서식하는 P.t. 티그리스tigris라는 아종으로, 벵골·카스피안(멸종됨)·아무르(시베리아)·남중국·말레이·인도차이나 범이 여기에 속한다. 다른 아종은 P.t. 손다이카sondaica인데, 순다 열도Sunda Islands에 서식하는 녀석들, 즉 자바(멸종됨)·발리(멸종됨)·수마트라 범이 바로 그들이다. 한반도 내 물이 풍족한 숲 지대에 주로 서식하던 한국범 또는 고려범은 아무르범이라는 아종에 속한 이들이다.

중국 청대 화가 추일계鄒一桂(1686~1772)의 출중한 작품 〈범虎〉에서 우리가 보는 범은 아마도 아무르범이거나 남중국범일 것이다. 어느 쪽인들 대수랴, 추일계의 이 그림은 "과연 범이구나!"라는 탄성을 우리의 목젖에서 뽑아 올린다. 그림 속 범의 줄무늬는 그림 상부에 있는 폭포의 흐름, 산의 주름과 조화를 이루고 있다. 폭포와 산은 신진대사 활동으로 자기 생명을 지속시키지 않고, 생태계 먹이그물 질서에 귀속되지 않는다는 점에서, 한낱 유기체인 범과는 격이 다른 자연물이지만, 어찌 된 영문인지 이 그림 속 범의 신체와 표정에서 우리는 산수

추일계, 〈범〉, 18세기

(대자연)의 기운을 감지한다. 이 범이 살아 있는 범이어서 한번 크게 운다면 우리 귀에는 범의 소리가 아니라 산의 소리로 들릴 것만 같다.

지구는 어떻게 이런 동물을 진화시켰던 걸까? 아니, 최초의 육상동물은 어떻게 이런 동물로까지 진화하게 된 걸까?

그러나 범이 지구 육상동물계의 기적이라면, 그만큼 범을 삶의 지대 바깥으로 밀어내 버린 우리의 과오는 더 뼈아프다.

3

연암 박지원은《열하일기》에서 범의 출중함을 이렇게 묘사했다. "착하면서도 성스럽고, 문채로우면서도 싸움 잘하고, 인자하면서도 효성스럽고, 슬기로우면서도 어질고, 엉큼스러우면서도 날래고, 세차면서도 사납기가 그야말로 천하에 대적할 자 없다." 박지원은 범을 의인화하여 그 덕과 풍모와 기운을 한껏 예찬하고 있다. 그러니까 범은 뛰어난 동물이되, 그 뛰어남은 뛰어난 인간을 닮은 것이라는 전제가 깔린 범 예찬론인 셈이다.

이러한 생각의 저변에는, 모두가 그런 것은 아니지만 특정 인간은 또는 그런 인간을 배출한 인간종은 걸출한 동물(존재)이라는 생각이 깔려 있다. 인간이 무인 우주선을 보내 태양계를 탐사하고 우주의 시원과 유전자의 서열 구조를 밝혀내는 것을 보면, 마냥 무시할 만한 생각은 아닐 것이다. 하지만 주돈이의《태극도설太極圖說》에 나오는 말처럼 만물 가운데 "인간만이 빼어남을 얻어 최고로 영험한" 존재자라고 과연 말할 수 있을까. 하지만 인간으로 태어나 인간의 신령한 성격이나 고등한 지능을 부정해버리면 자신의 정신적, 지적 성장 가능성을 스스로 부인하는 꼴이 아닐까.

만물 가운데 출중한 인간의 눈에 띤, 만물 가운데 출중한 범. 이 두 종의 동물은 지구 동물사, 적어도 지구 포유동물사에 출현한, 자연이 빚어낸 걸작이다. 그리고 시베리아 일대와 그 이남 여러 지역에서 이 두 동물종의 만남은 필연이었다. 인간은 범을 알아봤고, 범도 인간을 알아봤다.

4

범을 알아본 인간은 범을 화폭에 담아 인간 자신의 이상을 범의 형상에 투사했는데, 13세기 중국이 낳은 돌올한 승려 화가 목계법상牧谿法常(1210?~69?)의 범 그림[虎圖]들도 이에 속한다.

목계법상의 범 그림은 극사실주의를 추구하는 캐나다 화가 로버트 베이트먼Robert Bateman의 범 그림과는 차원이 전혀 다른데, 그림의 주인공이 실은 범이 아니라 인간이기 때문이다. 혜조 선사가 지리산에 들어갔을 때 그곳에 살던 범들이 나와 인도를 했다는 기록(고운 최치원의《사산비문四山碑文》에 나온다)을 잠시 떠올려보면 좋을 것이다. 그러니까 범은, 인간이 다다를 수 있는 높은 경지를 그려내는 데 곧잘 동

목계법상, 〈범〉, 13세기

원된 하나의 상징이었다. 그렇기에 목계법상의 그림에서도 범과 대나무는 함께 등장한다.

범과 인간의 만남이 필연이었다면, 둘의 충돌 또한 필연이었을까? 우리 조상들은 범을 '산군', '산왕', '장군님'이라 하여 높이 사기도 했지만, 그렇다고 범을 언제까지나 범접할 수 없는 존재로 숭상하며 범에게 복종하고 살았던 건 아니다.

특히 조선 시대에 이르러 사태가 급변했다. 국가에서 농지 개간 정책을 시행하게 되면서, 뜻하지 않게 또는 어쩔 도리 없이 범의 서식지를 대대적으로 침범하기 시작한 것이다. 조선 왕조는 하천을 막아 수리 시설을 설치하는 식[천방川防]으로, 숲 지대에 불을 질러 밭을 만드는 식[화전火田]으로 농지를 점차 넓혀갔는데, 이것은 곧 범의 수염 뿌리를 잡고 흔드는 행동이었다.

제 영토에 마구잡이로 들어와 습지대와 숲 지대를 훼절하고 직간접적으로 피해를 입히는 인간들을, 산군이 가만둘 리 없었다. 이른바 호환虎患(범으로 인한 환란)은 그렇게 해서 대거 발생했다.

하지만 이른바 '호환'이란 인간의 언어일 뿐, 범의 입장에서 보면 그건 '인환人患'(인간으로 인한 환란)이 초래한 당연지사였다. 농지 확장은 호환을 확대했고, 빈번해진 호환은 더 빈번한 포호捕虎(범을 포획함) 활동을 낳았다. 복수혈전復讐血戰. 피의 포지티브 피드백positive feedback(자기강화적 반환) 운동이 가동된 것이다.

결과는 참혹했다. 18세기 초에 이르면, 한반도에서 범 개체수는 급감한다. 1724년 영조는 즉위하자마자 호피 공납제를 폐지하는

데, 포획 가능한 범 개체수가 감소했음을 국가에서 공인한 것이었다(자세한 사항은 김동진, 《조선의 생태환경사》를 참조).

그러니까 고려범이 한반도에서 마지막으로 발견된 해는 1924년이지만, 이들이 한반도에서 아예 씨가 마른 건 고려범에 눈이 뒤집힌 일본군의 무자비한 포호 정책 때문만은 아니었다. 1910년 이전에, 어쩌면 1724년 이전에 일부 고려범들은, 조선 왕실의 등쌀에 밀려 새로운 서식지를 찾아 이동을 시작했을지도 모른다.

물론 제 나라 안에서는 범을 전혀 볼 수 없었던 일본인들에게는, 고려범으로 상징되는 대륙의 범에 대한 모종의 판타지가 있었다. 이것은 일제 강점기 한반도에서 진행된 적극적 포호 활동의 심리적 배경이기도 했다.

사실 일본인들에게 범은 상상 동물이나 한가지였다. 눈에 보이지는 않고 사신들의 이야기로만 접할 수 있으니, 상상할 도리밖에. 가노 모토노부狩野元信(1477~1559), 가노 산라쿠狩野山楽(1559~1635), 가노 단유狩野探幽(1602~74), 기요하라 유키노부淸原雪信(1643~82) 등이 그린 범 그림들이 하나같이 현실감이 떨어지는 것은 바로 이런 단순한 이유에서였다.

일본인들의 범 그림은 그래서 대체로 보잘것없지만, 18세기 작가 가츠 교쿠슈Katsu Gyokushu(1724~1789)의 작품 〈앉아 있는 범〉(1786)은 사뭇 결이 다르다. 앞발, 꼬리, 귀 같은 부위가 다소 엉성하게 처리되었지만, 범의 기상만은 잡아내겠다는 기개가 보이지 않는가.

교쿠슈가 〈앉아 있는 범〉을 그리던 시절(조선의 왕은 영조), 조선

가노 단유, 〈대숲 속의 범〉 부분, 1630년대 중반

가츠 교쿠슈, 〈앉아 있는 범〉, 1786

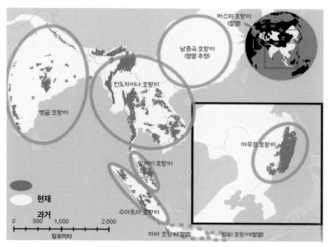

범 서식지

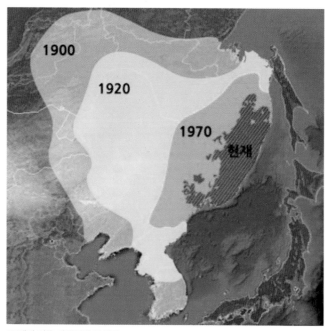

20세기 이후 아무르범 서식지

82

반도에 살던 고려범들은 생존 위기를
감지하고 북상을 감행하기 시작했을
것이다. 영·정조 이후에 활동한 조선
화가 유숙劉淑(1827~73)의 작품 〈심곡
쌍호深谷雙虎〉는, 작가가 그런 의도로
그리진 않았겠지만, 어쩐지 내 눈에
는 이러한 새로운 난국에 처한 범의
처지를 묘사한 것으로만 여겨진다.
오갈 곳 없어진 범, 집 잃은 범, 쫓기
는 범. 또는 노숙자 신세가 된 범, 난
민 신세가 된 범.

유숙, 〈심곡쌍호〉, 19세기

5

조선인과 일본인의 등쌀에 못 이겨 북으로, 북으로 이동해야 했던 고
려범들은 모두 어디로 간 것일까? 이들이 새로 찾은 거주지는 동북아
유일의 원시림인 시호테알린Sikhote-Alin산맥 안의 산림 지역으로 추정
되고 있다. 고려범의 후손들은 주로 이곳과 중·러 국경 지대에 서식하
고 있는 것으로 추정된다. 서울대 이항 교수의 말이 맞다면, 이 지역에
사는 아무르범 400~500마리가 고려범의 후손이거나 고려범과 동일한
아종일 것이다.

범과 호랑이, 어떤 용어가 맞을까?

동화 작가들, 동화를 출판하는 출판사의 편집자들이 문제다. 이들이 한 국가의 언어, 즉 국어國語의 미래를 좌우한다고 해도 과언이 아니다. 어린이들, 미래 세대의 언어 세계를 바로 이들이 좌우하기 때문이다.

한국 동화에서는 '범'이라는 말 대신 '호랑이'라는 말이 선호되고 있다. 하지만 범을 지칭하는 대용어로서 호랑이라는 단어는 겨우 19세기에 등장했고, 엄밀히 따지면 엉터리 말이다. 만약 '외갓집'을 '외가'로 고쳐 써야 한다면(家와 집은 동일한 뜻이므로), '창덕궁 팰리스'를 '창덕 팰리스'라고 불러야 한다면(Palace와 궁宮은 동일한 뜻이므로), 호랑이는 호虎 또는 범이라고 불러야 한다. '호랑虎狼이'라는 단어는 범(虎, Tiger)과 늑대(이리, 狼, Wolf)를 통칭하던 '호랑虎狼'에 '이'라는 접미사를 붙인 것이기 때문이다.

호랑虎狼이라는 단어가 문헌에 나타난 것은 15세기였다. 그러다 19세기에 범과 늑대를 통칭하던 이 단어가 범을 가리키는 언어로 쓰이기 시작한다. 왜 그랬을까? 그 이유는 어처구니없을 정도로 단순하다. '대충 쓰는 언어 습관'이 그것이다. 외가를 외갓집으로 대충 불렀던 것처럼, 호를 호랑이로 대충 불렀던 것이다. 다른 특별한 이유는 없다.

언어는 어디까지나 언중言衆의 것이므로, 언중의 합의 없이 바꾸면 안 되는 걸까? 그렇다면 왜 언중이 합의하지도 않았는데, 국민학교를 초등학교로 바꾼 걸까? 왜 충무시를 통영시로 바꾼 걸까? 잘못된 것이 있더라도 관행이 있다면, 관행을 따라야 하는 걸까?

카스틸리오네와 제리코의 말

• 주세페 카스틸리오네, 테오도르 제리코, 안톤 마우버, 토머스 벤턴

1

말〔馬〕은 조용해서 좋다. 조용하다는 건 온순하다는 것과는 다르다. 그 보다는 성정이 차분하다는 것이다. 모든 말의 성격이 한결같이 차분하지는 않겠지만, 범고래처럼 포악한 말이나, 고양잇과 동물처럼 반지빠른 말, 개처럼 아부하는 말은 상상하기 어렵다.

말의 심박수는 말의 성정을 대변하는 듯하다. 심박수로 보면 말은 대왕고래나 코끼리와 닮아서 말의 심장은 '렌티시모Lentissimo(매우 느리게)'로 뛴다(분당 심박수가 대왕고래는 10bpm, 코끼리는 30bpm, 말은 35bpm이다). 도무지 휴식을 모른 채 종일 격렬한 심장 운동을 지속하는 쥐나 벌새(쥐는 800bpm, 벌새는 1200bpm) 같은 부류와는 삶의 격조가 애초부터 다르다.

하지만 우리의 시선을 이 동물에 붙들어 매는 것은 성정 이전에 그 건장한 몸일 것이다. 어떤 말은 몸무게가 800킬로그램을 넘어서는

데, 힘은 또 어찌나 장사인지, 자동차 엔진의 파워는 아직도 마력馬力이라는 단위로 계산된다. 몸의 형태와 색채에서도 말은 단연 출중하다. 지구 생물의 형태미를 겨루는 미의 제전 같은 것이 있다면 포유동물은 대개 본선에 오르지 못할 테지만, 말은 예외에 속한다. 칠레의 시성詩聖 파블로 네루다는 포유동물의 조형미, 그 최대치를 구현한 듯한 이 동물을 이렇게 노래할 정도였다.

그들의 엉덩이는 공이었고 오렌지였다

그들의 털빛은 호박빛과 꿀빛이었고 불타오르고 있었다

그들의 목덜미는 오만한 암석에서
깎아낸 탑이었고
(……)
말의 강렬한 출현은 피였고
율동이었고 존재의 환호하는 성배였다.
─파블로 네루다, 〈말〉에서[3]

2

중국 청대의 화가 주세페 카스틸리오네Giuseppe Castiglione(1688~1766)

의 말 편애를, 그래서 나는 충분히 이해한다. 카스틸리오네는 동물화에 두루 능했지만, 많은 시간을 할애해 가장 즐겨 그린 동물은 개와 말이었다. 양세녕郎世寧이라는 한자 이름도 있었던, 이탈리아에서 태어난 이 청 황실 화가는 십준도十俊圖, 팔준도八俊圖, 백준도百俊圖를 많이 남겼는데, 이 그림들 속 소재가 바로 개와 말이다. 열 종류의 걸출한 개, 여덟 마리의 뛰어난 말, 백 마리의 준마, 이런 식이었다.

　카스틸리오네의 준마도들은 한결같이 준화俊畵이지만, 그중에서도 〈유음입마도柳陰立馬圖〉(버드나무 그늘 아래 서 있는 말)는 내 시선을 저에게 고정시키는 희한한 작품이다. 인생무상을 일러주는 바람의 한복판에 서서, 무상의 비애라고는 한 점도 모르는 듯한 자태로 서 있는 이 흑마의 이미지는 그러니까 내 기억 창고를 두드린다.

　직접 본 적은 없지만, 분명 이 말은 내가 아는 말이다. 나는 이 말을 어디서 알게 된 것일까? 기억을 더듬어 찾아낸 것은, 어니스트 시턴이 〈야생마는 길들이지 않는다〉라는 작품에서 소개한, 지칠 줄 모르는 야생 흑마였다.

　무서운 속력으로 질주하며 집요한 카우보이 조를 따돌리고는 "유성처럼 유유히 협곡을 내려갔던" 야생마 무스탕. 그러나 암말 샐리를 미끼로 유인한 카우보이 '칠면조 발자국 노인'에게 끝내 붙잡히고만 흑마. 잡힌 뒤로 너석은 "공포 때문인지, 분노 때문인지, 그것도 아니면 미칠 것 같은 속박 때문인지" 콧김을 내뿜으며 필사적으로 분투를 거듭하다가, 가증스러운 인간의 노예가 될 바에야 차라리 죽음이 윗길이라 판단하고는 끝내 자살을 선택한다.[4]

주세페 카스틸리오네, 〈유음입마도〉, 18세기

주세페 카스틸리오네, 〈팔준도〉

주세페 카스틸리오네, 〈팔준도〉 부분

주세페 카스틸리오네, 〈십준도〉 중 한 점

주세페 카스틸리오네, 〈백준도〉 부분

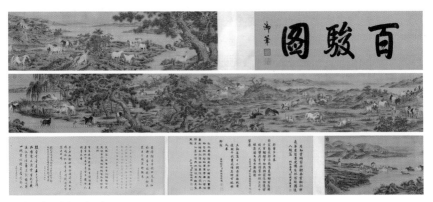

주세페 카스틸리오네, 〈백준도〉

그러니까 〈유음입마도〉의 흑마나 시턴의 흑마는 "나는 전에 한 억센 준마가 입에 물린 재갈을 씹으며 천둥처럼 내달리는 것을 보았다"고 오비디우스가 읊었던 바로 그 말이다. 멍에와 재갈을, 착취와 지배를 모르는 야생마. 그러니까 지구 생명사의 한 성취를 생각하게 하는 경이로운 동물이지, 인간의 노예가 되어 경마장을 몇 년 굴러다니다 종국에는 도축장에 끌려가 '개죽음' 당하고 마는 경주마가 아니다.

3

그러나 뒤집어 생각하면, 네루다, 오비디우스, 카스틸리오네, 시턴 같은 사람들은 오늘날 비웃음거리가 되기에 충분하다. 상품을, 물건을 신으로 모시고 사는 이 사회에서, 말은 돈 되는 동물 이상의 큰 의미는 없기 때문이다. 도박으로 떼돈 벌게 해주고, 어린이 승마 체험으로 지갑 불려주고, 또 고기가 되어서 배를 불려주는 돈벌이용 동물. 삼성이 최순실의 딸에게 사준 말 한 마리 값이 20억이었다는 사실도 기억해 보자.

그러나 산 말 재갈 물려, 죽은 말 사체 팔아 돈 버는 사람들아, 그대들은 말에 나타난 지구의 기적을, 조물주가 말에게만 선물한 것을 하나도 못 본 채, 말의 껍데기만 봐왔다는 것을 기억하라. 학대당하고 억울하게 죽어 구천을 떠도는 고상한 말의 영혼들이, 오로지 돈에 눈이 먼 그대들의 기생충 같은 영혼을 기억하리라는 것을 기억하라.

우리가 고대라고 일컫는 시기부터 말은 인류와 늘 함께해온 동물이다. 그러나 개, 고양이, 돼지, 소, 염소, 양에 비해서 말은 후발 주자였다. 정착 생활을 한 지 수천 년이 지나서야 인류는 말을 길들이기 시작한다. 그리고 지금으로부터 약 4000년 전부터, 말은 전차를 모는 일종의 군사로 전장에도 등장하기 시작했다. 적토마와 관운장은, 마렝고marengo와 나폴레옹 1세는 전장에서 한 몸이었다. 파블로 피카소가 스페인 내전의 참상을 그려낸 〈게르니카Guernica〉(1937)에서도 죽어가는 사람과 사지가 짓눌리는 말은 하나의 풍경으로 표현되고 있다.

또 니콜라우스 오토Nikolaus Otto가 4행정 내연기관을, 카를 벤츠Karl Benz가 2행정 내연기관을 발명하기 전까지 마차馬車는 적어도 상류층에게는 최고의 교통수단이기도 했다. 그러나 절대 다수 민중에

파블로 피카소, 〈게르니카〉, 1937

게 이 동물은 교통수단이기 이전에 고된 노동을 도와주는 일종의 일꾼이었다. 증기기관이 등장하기 전까지 싣고, 옮기고, 갈고, 끄는 데 말만큼 유용한 가축도 없었다.

19세기 프랑스 화가 테오도르 제리코Théodore Géricault(1791~1824)가 그린 〈석탄 차Coal Car〉(1822)에서도 우리는 말의 힘을 확인하게 된다. 이 그림 속의 말들은 광산에서 캐낸 석탄을 공장으로 부지런히 옮겨주었고, 공장에서는 기술혁신으로 개발된 새 증기기관이 입을 열어 석탄을 게걸스레 집어삼키고 있었다.

굴레를 쓰고, 안장을 얹은, 줄에 묶여 있고, 눈과 입에 마개를 한 말. 그리고 이들의 힘이 꼭 필요한 인간. 이 둘 사이를 매개하는 것은 언제나 '채찍'이었다. 그토록 당당하고 기운차고 의연한, 카스틸리

테오도르 제리코, 〈석탄 차〉, 1822

안톤 마우버, 〈해변의 말과 수레〉, 1880

안톤 마우버, 〈해변의 어선〉, 1882

오네가 그린 야생마의 모습. 그리고 채찍에 맞아가며 죽도록 노동하다 쓰러지고 마는, 제리코가 그린 노예마의 모습. 이 둘의 간극을 대체 어떻게 이해해야 하는 걸까? 수천 년간 수난을 받으면서도 지속된 이 동물의 무저항. 그 묵묵함의 심연을, 어떻게 이해해야 하는 걸까?

네덜란드 화가 안톤 마우버Anton Mauve(1838~88)의 작품들은 이 심연을 묵상해보라고 우리에게 주문하는 듯하다. 빈센트 반 고흐의 친척이었고, 실제로 고흐에게 영향을 미친 것으로 추정되는 이 목가풍의 화가는 인류세의 흐름에 편승하지 않은 채 여전히 옛날 방식으로 살아가는 시골 촌부 그리고 언제나 묵묵히 일하며 촌부들을 돕는 말을 작품에 담아 보여준다. 하지만 이건 예찬이라기보다는 보이콧이었다. 마우버는 근대라는 신세계에 아예 눈을 감은 인물이었다. 〈해변의 말과 수레Horse and cart on the beach〉(1880), 〈해변의 어선Fishing boat on the beach〉(1882) 같은 작품에 등장하는, 오직 조용히 노동할 뿐 표정도 언어도 없는 말의 침묵은, 근대에 등을 돌리고 자기 세계에 웅크린 마우버 자신의 침묵일 것이다.

그런 의미에서, 나는 감정이 전혀 없고 그저 죽은 듯이 사는, 탈시대적인 느낌을 풍기는 마우버의 말보다는, 걱정하고 놀라며, 근대라는 시대를 온몸으로 살아내는, 살아 있는 것처럼 사는 제리코의 말에 훨씬 더 매료된다.

5

제리코는 〈유음입마도〉의 작가 카스틸리오네가 사망한 지 채 30년이 지나지 않은 무렵 프랑스에서 태어났다. 서른셋의 나이로 단명하고 마나, 훗날 그는 19세기 유럽 낭만주의 화풍을 연 화가로 평가받는다. 루브르 박물관 필수 관람 목록에 속하는 〈메두사호의 뗏목〉(1819)을 남긴 화가로도 유명하다.

제리코가 탐구했던 한 가지 주제는 '난파難破'이다. 제리코가 보기에, 18세기 말 19세기 초반의 시대는 문명을 일궈온 인간이 최대 위기를 맞이한 시점이었다. 하나의 세계가 무너지고 있었지만, 어떤 세계가 앞으로 도래할지는 아무도 알지 못하는 상황에서 기인한 답답함이 시대를 짓누르고 있었다.

미국 화가 토머스 벤턴Thomas Hart Benton(1889~1975)은 〈옛것의 난파The Wreck of the Ole 97〉(1943)라는 작품에서 구세계를 마차로, 신세계를 기차로 비유했다. 난파를 야기하는 충격의 힘은 화면 오른쪽 시커먼 연기를 내뿜는 쇳덩어리에서 나오고 있다. 제리코는 이 화면의 왼쪽에 보이는, 말과 사람이 받은 충격이라는 테마를 여러 작품에서 형상화했다.

흥미롭게도 제리코는 이 충격을 체험하는 동물로 말을 선택한다. 〈대홍수 장면Scene of Deluge〉(1820)에서는 물에 빠진 말이 석탄 연소와 증기기관차로 대변되는 새 시대의 역사적 곤경을 웅변했고, 〈폭풍우 속의 말Horse in the Storm〉(1821)에서 우리가 감지하는 '말의 근심'

토머스 벤턴, 〈옛것의 난파〉, 1943 ⓒ Thomas Benton/(VAGA at ARS, NY)/(SACK, Korea)

테오도르 제리코, 〈대홍수 장면〉, 1820

테오도르 제리코, 〈폭풍우 속의 말〉, 1821

도 훗날 우리가 인류세라고 부르게 될 새 시대에 진입한 낭만주의자들의 불안에 휩싸인 표정, 바로 그것이었다. 제리코가 보기에 자신은 역사의 대홍수, 폭풍우 한복판에 있었다.

제리코의 〈폭풍우 속의 말〉에 담긴 이야기는 풍요롭다. 이 그림 속 말은 카스틸리오네가 예찬한 아름다움의 화신도 아니고, 마우버가 그려낸, 생각할 줄도 느낄 줄도 모르고 그저 일만 하는 노예 일꾼도 아니다. 이 말은, 당대의 인류와 미래의 인류를 대신해 미리 걱정해주고 있는 말이다. 동시에 새 시대를 우려의 눈으로 바라보는 제리코 자신의 모습이기도 하다. 일어나선 안 될 일들이 일어나고 있다고, 인간의 광기 어린 행보를 주시했던 이 영민한 프랑스 화가는 걱정하는 말의 형상을 메타포 삼아 세상에 경고했던 것이다.

제리코는 인류세의 초기를 목격했지만, 지금 우리는 그 인류세가 어디로 향할지 알 수 없는 시기에 와 있다. 과거는 대체로 알고 있되, 미래는 무엇 하나 알지 못해 불안하기만 했던 제리코와 같은 처지에 우리는 지금 놓여 있는 것이다.

양의 시련 그리고 귀가

• 리처드 웨스톨, 카미유 피사로

1

걸으면 해결된다Solviture Ambulando. 로마 시대부터 서구 세계에 전해 내려오는 라틴어 격언이다. 그러나 걸으면 정말로 해결될까? 어린 시절부터 산책의 효험을 경험해온 나는 그렇다고 굳게 믿고 있다. 심신의 평정으로 돌아가는 지름길은 산책이라고 나는 생각한다. 산책은 산책자를 전일全一한 존재로 회복시키는 묘한 활동이기도 하다. 네발로 이동했던 포유동물의 후손, 그러나 언제부턴가 두 발 걷기라는 대장정에 나섰던 이들의 후손, 그러나 20세기 들어 나오기 시작한 각종 뉴테크에 적응하며 살아가는 존재, 이 삼자三者 간의 분열이 두 발로 걷는 이에게선 깨끗이 사라지고 만다. 산책자는 제 몸을 저어 길의 바다로 나가는데, 그때 그이는 약 500만 년간 실험되었던 항시 이족 보행bipedalism의 결과물을 자기 신체에 재구축하면서, 새롭게 떠오른 생각거리를 굴리며 걷는다. 그러니까 사색하는 발이자 걷는 뇌인 산책자는 존재의 분열이 아니라 통일을 체험한다. 또는 산책자에게는 단 하나의 몸, 사색하는 몸만이 체험된다고 말해도 좋을 것이다.

산책이 우리 인간에게 긴요한 건, 우리가 사색함으로써 해결해 가는 정신의 존재homo sapiens이기 때문일 것이다. 하지만 이것이 핵심적인 이유는 아니다. 도리어 우리가 자유롭게 몸을 움직이며 이동해야 평안과 건강을 이룰 수 있는 존재, 즉 발 달린 동물animal이라는 움직일 수 없는 곡절이야말로 핵심이다. 그러니까 어디론가 움직이고자 하는 욕구와 어디론가 생각의 길을 내고자 하는 욕구가 산책이라는 경험의 시공에서는 동시에 해소되는 것이다.

조금 다른 각도에서 생각해보면, 자유로운 이동의 권리란 우리가 인간이기에 누려야 할 보편적 인권이기 이전에, 우리 인간이 동물이기에 누려야 할 보편적 인권이다. 아니, 자유로운 이동의 권리는 우리가 동물이기에 마땅히 우리 인간에게도 적용되어야 하는 기본적 동물권이다. 즉 이 기본적 인권은 우리의 동물 멤버십을 본의 아니게 가리키고 있다.

2

20세기는, 동물의 이 기본권이 일부 동물에게서 박탈된 세기로 기록될 것이다. 수천 년 넘게 지속된 목축업이 돌연 축산업으로 전환되면서 일어난, 권리를 박탈당한 자들로서는 황당하기 이를 데 없는 사건이었다. 목축업이 붕괴되면서 생활 현장에서는 염소나 양, 소 같은 농장 동물들이 산책하는 풍경이 돌연 사라졌고, 목자牧者들 역시 역사의 뒤안길로 사라지고 말았다. 한마디로 20세기는, 세계의 많은 지역에서 염소나 소 같은 동물의 산책이 사라진 세기였다(한국에서는 1980년대까지는 사라지지 않았다).

목자가 사라지자, 목자와 양에 관한 신화도 삽시간에 의미의 빛을 잃었다. 산업자본주의는 노동자를 노동으로부터 소외시켰지만, 소외당한 것은 그것만이 아니었다. 산업자본주의는 수천 년간 지속된, 동물과 인간에 관한 오래된 이야기(신화, 설화, 동화)들로부터 우리를 소외시켰다. 또, 그 이야기에 감화된 채 넓고 눈 시원한 초지에서 자유롭게 풀을 뜯는 양들과 그들을 먹이는 풀을 살갑게 느끼는 마음으로부터 우리 자신을 소외시켰다. 산업자본주의가 삶의 세계를 잠식하게 되면서, 격통을 느낄 새도 없이, 우리에게서 뭔가 끊임없이 떨어져 나갔다.

영국 화가 리처드 웨스톨Richard Westall(1765~1836)의 한 작품에서 나는 이 새로운 단절과 소외를 예감한 사람을, 시대 최후의 목자를 발견한다. 〈여름 폭풍—폭풍 치는 들판에 개와 양과 함께 있는 어느 목자Summer Storm: A shepherd with his dog and sheep in a stormy landscape〉(1795)라는 작품이다. 그림 속의 목자는 두렵기만 한 새 시대의 얼굴을 본 듯, 불안감이 가득 서린 표정이다. 개는 시선을 주인에게 두며, 이 불안에 적극 동참하고 있다. 웨스톨은 이 작품에서 인류세의 개막을 두려운 눈으로 바라봤던 화가 제리코의 정신을 구현하고 있다.

그러나 양을 보라. 양들 사이에서는 언제까지라도 어느 상황에

리처드 웨스톨, 〈여름 폭풍 — 폭풍 치는 들판에 개와 양과 함께 있는 어느 목자〉, 1795

서든 순응하겠다는 것인지, 그저 정적이 흐를 뿐이다. 양은, 마치 AI(인공지능)와 GMO, 플라스틱 오염 현장과 기후재난 현장을 목도하면서도 신神이 침묵을 지키듯 아무런 말이 없다. 과연 '희언자연希言自然'(자연은 말이 거의 없다,《노자老子》)이란 말인가. 또, 이 양들은 언제까지라도 견디겠다는 다부진 태도로, 견디고 있다. 그저 견딜 뿐인, 견뎌내야만 하는 미래의 끔찍한 삶을, 웨스톨은 이 그림에서 예지적으로 보여주었던 것일까?

3

그런데 시련을 견디는 이가 왜 양일까? 양이 시련을 견디고 있다는 사실, 이것은 실로 놀라운 무언가를 말해준다. 여러 문화권에서 양은 순수함, 순결함, 무구함, 훌륭함을 상징했기 때문이다(이외에 부富를 상징하기도 한다). 가장 순수한 자가 희생자가 되어야 이 시련이 종식된다는 믿음으로 인해, 양은 늘 희생제물이었다. 그러나 왜 가장 순수한 자가 희생되어야 할까? 시련이라는 새로운 현실에 책임이 가장 큰 자가 희생되어야 옳지 않을까? 왜 가장 힘 없는 자, 책임 없는 자가 희생되어야 할까? 가장 힘센 자, 책임 큰 자가 아니라.

유사有史 이전의 어느 시점, 정확히는 약 1만 3000년 전부터 양을 길렀던, 지구상의 거의 모든 인간의 마을과 도시에서는 순수하고 무구한 양이라는 공통의 심상이 표현된 상징이 발견된다.

가령, 고대 이집트 신 크눔Khnum과 헤리샤프Heryshaf는 어린 양의 머리를 한 신이었고, 수메르인들은 양의 신 두투르Duttur(다른 말로는 시르투르Sirtur)와 목자의 신 두무지드Dumuzid를 섬겼다. 아브라함 계통의 종교들(유대교, 기독교, 이슬람교)에서 양은 의미심장한 상징이어서, 성자란 성자는 모두 목자에 비유되었고, 어린 양은 예수를 의미하기도 했다. 그리고 이러한 전통은 '양 신Agnus De'이라는 이미지로 굳어져 오늘까지도 유럽 곳곳의 교회를 장식하고 있다.

이러한 상징 전통에서는 아시아도 예외가 아니었다. 한자漢字에는 이 전통이 고스란히 보존되어 있어서 우리를 놀라게 하는데, 이를테면 아름다움〔美〕, 선함(善), 의로움〔義〕, 상서로움〔祥〕, 기름(배양함)〔養〕 같은 중요한 개념어들에 양羊이라는 표상이 동원되었던 것이다.

4

아직 양과 관련한 의미의 전통을 근대가 다 삼키기 전, 프랑스 화가 카미유 피사로Camille Pissarro(1830~1903)는 성스러움이라는 표상을 거느린 양과 목자를 서둘러 화폭에 옮겼다. 1880년대, 나이 쉰을 넘긴 피사로가 보기에 목자는 양과 같이 순수한 존재였고, 그래야 마땅했다. 1888년에 피사로가 그린 〈목자와 양Shepherd and sheep〉에서 우리는 양과 목자를 성스러운 느낌의 빛으로 표현한 화면을 만나게 된다. 양羊을 포함하고 있는 한자어 '상祥(상서로움)'을 형상으로 빚어놓은 듯한 놀

카미유 피사로, 〈목자와 양〉, 1888

라운 화면이다. 이 화폭 속의 빛은 프리드리히 실러Friedrich Schiller가 쓴 시 〈환희의 송가An die Freude〉와 유사한 송가頌歌이지만, 동시에 말 없는 양처럼 아무 소리를 내지 않는 노래이기에 도리어 온 누리에 가 득 퍼질 음악이다.

그러나 이런 말을 잊고, 다시 그림을 보자. 소리이기도 한 이 빛 은, 점으로 결정되어 있기에 이채롭다. 피사로는 조르주 쇠라George Seurat와 폴 시냐크Paul Signac의 영향을 받아 점묘법이라는 화법을 썼 는데 이 작품은 그러기 시작한 후에 나온 작품이다. 그러니까 실러의 〈환희의 송가〉와 비슷한, 그러나 소리 대신 색채로 구성된 이 송가는, 원자를 발견하고 그것도 모자라 전자, 쿼크까지 발견했던 물리학자들 의 모험을 닮은 이 '점의 모험' 속에 구축되어 있다.

그러나 무엇을 위한 송가일까? 이 작품을 음미하려면, 우리는 말을, 의미를, 개념을 일체 놓아버려야만 한다. 대신 양의 소리 없음이 대변하는 질박함 속으로 조용히 걸어 들어가야만 한다.

〈집으로 돌아오는 양들과 여성 목자Shepherdess with returning sheep〉(1886)라는 또 다른 작품에서 우리는 피사로가 질박함을 중시하 는 화가임을 알아차리게 된다. 여성의 수수한 앞치마와 나무 울타리, 한가로이 뜰을 거니는 닭 한 마리와 질소한 감각의 지붕과 벽담은, 저 아낙이 소박한 삶이라는 근사한 이야기 한 가닥을 빚어내며 살고 있다 는 환상을 자아낸다. 그러면서도 그 소박함은, 문을 열어 양을 맞아들 이는 여성의 이미지로 구축되어 있어 신기한데, 그럼으로써 질박함과 여성성, 무위자연, 무용지용, 지족자부 같은, 노자가 논하는 여러 중요

카미유 피사로, 〈집으로 돌아오는 양들과 여성 목자〉, 1886

한 가치를 함축적으로 전달하기 때문이다.

〈목자와 양〉이 복고적이고 의고적이라면, 〈집으로 돌아오는 양들과 여성 목자〉는 미래적이고 진취적이다. 〈여름 폭풍―폭풍 치는 들판에 개와 양과 함께 있는 어느 목자〉에 등장하는 폭풍이 만일 역사의 폭풍이라면, 이 폭풍을 잠재울 새로운 미래의 가치를 우리는 〈집으로 돌아오는 양들과 여성 목자〉 같은 작품에서 발견할 수 있으므로. 더욱이, 피사로의 이 양은, 웨스톨의 양처럼 시련을 견디고 있는 것이 아니라 안식을 찾겠다는 의지를 내보이며 '집'으로 돌아오고 있지 않은가.

산양의 용기와 지혜

• 어니스트 시턴, 칼 룽기우스

1

설악산 정상에 처음으로 발을 디딘 건, 그러니까 중학생 때였다. 돌이켜 생각해보면, 설악산이 어떤 산인지 거의 모른 채 대청봉까지 올랐던 것인데, 무식해서 용감하다는 말은 이를 두고 하는 말일 것이다.

그 후로도 몇 차례 설악산을 찾긴 했다. 그러나 백두대간 종주 기념용 헝겊들이 눈앞에 나타나는 빤한 길로만 올라갔던 탓일까, 설악산에서 산양을 만난 기억이, 불행히도 내게는 없다. 오색 케이블카 문제가 불거진 뒤로 산양이 설악을 상징하게 되었건만, 보고 들은 구체적이고 개인적인 기억을 통해서는 설악과 산양을 연결할 방도가 도무지 없는 것이다.

이 '공백'을 메우는 최상의 방법이야 설악의 품 안에 며칠 머물러보기일 것이다. 산양들이 주로 새벽과 저녁에 활동한다고 하니, 그런 시간대를 노려야 비로소 기회가 찾아올 것이다. 그러나 당장 이 계획을 실행키 어려운 처지로서는 기록물이나 작품을 찾아 '예습'을 하는 수밖에는 없다.

《엔도 슈사쿠의 동물기》와 기욤 아폴리네르의 《동물시집》 따위를 손에 잡히는 대로 집어 든 연유는 이러하다. 하지만 대개는 산양 이야기가 없거나 있어도 시원찮았다. 몇 차례 낭패 끝에 '설마 이 사람만은 나를 실망시키지 않겠지' 싶어 곧장 그 사람의 작품으로 직행해보니, 과연 그 짐작이 틀리지 않았다.

2

동물학자이자 동물 문학의 대가, 인디언 연구소 운영자이기도 했던 '검은 늑대'(수Sioux 부족에게서 얻은 수 부족 이름) 어니스트 시턴! (그를 시턴이라고 부르지 말고 검은 늑대라고 부르자. 지금부터 나는 그를 검은 늑대라고 칭하겠다.) 그의 작품 《위대한 산양, 크래그》를 펼쳐보니 산양의 세계가 저 히말라야 안나푸르나처럼 웅대한 전모를 우뚝 드러냈다. 독서 이전에 이것은 해갈解渴이었다.

한마디로 이 작품은 로키산맥, 쿠트네이Kootenai 고지대에 살던 어느 수컷 큰뿔양의 일생을 다룬 '산양 전기傳記'라 할 수 있다. 그러나 야생동물의 전기를 쓰는 일이 과연 가능할까? 우리의 검은 늑대는 불가능을 가능으로 바꾸어냈다. 자신의 관찰 그리고 구전되던 이야기의 단편들을 엮어 울림 깊은 산양 전기를 완성한 것이다. '전기'라 하면 본

디 '위대한 인물'에 관한 이야기이건만, 이 이야기 무대를 인간세계 바깥으로 확장했다는 점에 검은 늑대의 탁월함이 있다.

그러나 다시금 생각해보면, 이것은 검은 늑대의 탁월함이라기보다는 각자의 무대에서 훌륭한 삶을 꾸려가고 있는 야생동물들의 탁월함일 것이다. 이 전기를 쓴 이의 탁월함은 그것을 있는 그대로, 편견의 노예인 우리 눈앞에 가감 없이 드러냈다는 것이다. 어떤 물질은 우리 눈에 드러나기만 하면 곧장 작품이 되는데, 그 물질의 실존-살아감 자체가 이미 일종의 작품이기 때문이다.

우리의 검은 늑대가 묘사한 큰뿔양 크래그도 그런 존재였다. 적을 따돌리며 절벽 사이를 뛰어넘는 신체의 능력이, "어둡고 끝을 알 수 없는 깊이가 담겨 있"는 크고 깊고 밝은 호박색琥珀色 눈빛이, 아찔한 위험에서 무리(공동체)를 구하는 과감함과 용기와 지혜가 이 큰뿔양을 '전기로 남길 만한 삶의 주인공'으로 빚어냈다. 검은 늑대는 이렇게 쓰고 있다.

바위들이 들쭉날쭉 나 있는 절벽 위로 뛰어 올라갈 때면, 발톱과 탄력 있는 발굽은 거의 바위에 닿지 않은 채 새처럼 떠다니는 듯했고 (……) 유연한 근육이 몸의 형태를 바꿀 때마다 등에서는 햇살이 반짝거리면서 일렁거렸다.

봉우리에 걸친 천둥을 머금은 구름처럼, 눈썹 위로 굽이치는 뿔을 지닌 황소처럼 위엄 있게, 사슴처럼 우아하게 서 있었다.

모든 움직임에는 미묘한 기쁨이, 눈부신 힘에는 영광스러움이 있었다. 그것이 바로 아름다움이었다.[5]

이런 언어들은 우리의 궁금증을 증폭시킨다. 크래그는 어떤 모습이었을까? 다행히도 우리는 검은 늑대가 직접 그린 크래그의 초상화를 이 책에서 만날 수 있다. 하지만 북미 산악 고지대에서 살아가는 큰뿔양들의 풍모를 제대로 음미하려면 다른 화가들의 작품까지 들여다봐야 한다. 이를테면 독일 태생으로 미국에 귀화한 칼 룽기우스Carl Rungius(1869~1959)의 작품.

룽기우스의 후배들인 폴 크래프Paul Krapf(1927~, paulkrapfstudio.com), 대니얼 스미스Daniel Smith(danielsmithwildlife.com), 랠프 오버그Ralph Oberg(1950~, ralphoberg.com), 더스틴 반 웨첼Dustin Van Wechel(1974~, dustinvanwechel.com) 등이 그린 작품도 보는 우리의 피를 끓게 한다. 이들 덕에 우리는 크래그의 자손들을 실물은 아니지만 그림으로나마 만나보는 영광을 누릴 수 있다.

3

《위대한 산양, 크래그》에는 사냥꾼들에게 쫓긴 큰뿔양들이 크래그의 지도에 따라 높다란 절벽 사이로 질서 정연하게 "폭포수처럼" 뛰어내리는 경이로운 장면이 등장한다. 룽기우스의 그림을 보며 이 장면을

칼 룽기우스, 〈앨버타 나이절 협곡의 큰뿔양〉, 1919

칼 룽기우스, 〈큰뿔양〉, 1919

상상하면 좋을 것이다. 그런데, 그러고 있자니 문득 떠오르는 것이 있었다. 젊은 날 읽은 한국 산양 이야기였다.

'포수 무리'에게 쫓기던 영양 한 무리가 끝내 절벽까지 쫓기고 만다. 건너편에도 절벽이 있어 건너뛰기만 하면 살 수 있다. 그러나 그 간격은 영양이 뛸 수 있는 최대 거리 5미터를 넘어서고 있었다. 무리의 지도자는 순간 깊이 생각에 잠겼다. 잠시 후 지도자는 허공을 향해 크고 슬픈 울음을 쏟아냈다. 잠시 뒤 청소년층과 노년층 두 그룹으로 나뉘더니, 각 그룹의 하나씩 쌍을 이루었다. 선두에 있던 한 쌍이 시범을 보였다. 이들은 동시에 낭끝에서 도약을 했고, 공중에서 최대치 거리에 도달하는 순간 청소년은 노년의 등을 밟고 두 번째 도약을 감행했다. 이런 식으로 청소년층만 저편에 있는 '삶'으로 넘어갔고, 노년층은 모두 낭떠러지로 낙하했다.

이 엄숙한 드라마를 지켜보며 포수들은 자신들이 무엇을 하러 왔는지를 잊을 지경이었다.[6]

그런데 실은, 3개월간의 피 말리는 추적 끝에 크래그의 목숨을 끊는 데 성공한 사냥꾼 스코티도 저 '포수들'과 마찬가지였다. 스코티는 크래그를 향해 총알을 발사했지만, 차마 일어서서 결과를 마주할 수 없었다. "겁에 질린 사람처럼 슬그머니" 고개를 들 뿐이었다. 그는 "스스로를 이해할 수 없었"고 "자신이 느끼고 있는 감정이 어떤 것인지 몰랐다".[7]

크래그 이야기는 논픽션과 픽션의 결합물이다. 대체로 검은 늑대는 자신이 직접 듣고 경험한 것을 기록했는데, 구체적으로 사건을 묘사하거나 상상으로 구성하는 대목에서는 픽션의 기법을 차용했다. 검은 늑대의 전언에 따르면, 사냥꾼 스코티는 이 사건으로 사냥을 중단하기에 이르렀고, 끝내 광인이 되어갔다. 박제된 크래그를 팔라는 유혹도 일체 거절했다. 그렇게 그는 무언가에 홀린 듯 4년을 칩거하다, 어느 설풍 불던 겨울밤, 제 명을 다 살지 못하고 횡사한 어느 위대한 숫양의 어머니, 치누크Chinook(태평양 쪽에서 불어와 북미 로키산맥을 넘어가는 서풍)가 일으킨 산사태로 인해 절명하고 만다.

스코티의 죽음에 관한 이야기는 실화일 것이다. 검은 늑대는, 로키산맥이 크래그의 편이라고 썼다. 그러나 이 말은, 검은 늑대의 머리와 손에서 나왔지만, 그저 검은 늑대의 말만은 아닐 것이다.

설악산과 산양, 오색 케이블카

시턴의 이야기에 나오는 북미의 산양은 김학철의 산문에 나오는 산양 또는 설악의 산양과 같은 종이 아니다. 설악의 산양은 아무르영양Amur goral (학명 Naemorhedus goral raddeanus)으로서, 속명이 네모르하에두스Nemorhae-dus이다. 반면, 시턴의 산양인 큰뿔양Bighorn Sheep은 오비스Ovis라는 속에 속하는 종으로, 아무르영양과는 외양과 생태 등에서 큰 차이가 있다.

아무르영양은 영양goral에 속하는 네 종 가운데 하나이므로, 한국의 산양은 '영양'이라 불리는 게 온당하다. 아무르영양은 러시아, 중국, 북한, 남한 등지에서 발견되는 종으로 산악 지대에 거주한다. 무리를 이루어 군집 생활을 하며, 주로 새벽과 저녁에 활동하는 것으로 최근 보고되었는데, 짐작건대 인간을 피하기 위해서일 것이다. 한국에서는 이 영양의 수가 급감하자 천연기념물 217호로 지정했다. 왜 급감했을까? 이 동물이 '몸에 좋다'는 이유로 과도하게 잡아먹은 탓이었다. 1960년대 한국에서 일어난 일이다.

굳이 오늘의 시점에서 설악의 산양을 떠올려본 이유는, 지난 2019년 9월, 이들의 삶을 위태롭게 했던 오색 케이블카 프로젝트가 (원주지방환경청의 '부동의' 결정으로) 전면 백지화되었기 때문이다. 그러나 2021년 1월 국민권익위원회 소속 중앙행정심판위원회가 이 결정을 뒤집는다. 중앙행정심판위원회는, 환경부가 환경영향평가법에 명시된 환경영향평가 재보완 기회를 양양군에게 주지 않은 것이 문제라고 했다. 이에 따라 환경부와 양양군 사이에서 환경영향평가 재보완을 둘러싸고 줄다리기가 벌어진다. 그런데 2022년 5월 윤석열 정부가 취임하면서 환경부는 돌연 입장을 바꿔 양양군이 해야 하는 환경영향평가 재보완과 관련해 대폭 양보를 해준다. 한편 2021년 2월, 설악산국립공원지키기국민행동과 케이블카반대설악권주민대책위, 민주사회를 위한 변호사모임 환경보건위원회, 설악산을 지키는 변호사들 등 환경 단체들은 중앙행정심판위원회를 상대로 행정소송을 제기했지만 1심에서 패소한다. 그리고 2022년 7월 진행된 항소심 재판에서도 우리는 동일한 판결을 들어야 했다.

설악산은 1970년 국립공원으로, 1982년 유네스코 생물권보전지역으로 지정되었다. 1996년엔 산림유전자원 보호구역으로, 2005년엔 백두대간 보호구역으로 지정되었다. 그럼에도 강원도와 양양군은 2001년부터, 크래그를 쫓았던 스코티만큼이나 끈질기고 집요하게 설악산 케이블카 사업 시행을 환경부에 요구했다. 줄곧 사업 불가 원칙을 표명했던 환경부는 (박근혜 정부

시절인) 2015년 8월 입장을 바꾸어 사업을 승인했는데, 이로써 분란이 시작되었다.

2018년 2월, 필자도 참여하고 있는 동물권 연구 변호사 단체 PNR은 설악산 산양 스물여덟 마리를 원고로 앞세우고 '문화재 현상변경 허가 취소 소송'을 법원에 제기했다. 당시 박그림 설악산국립공원지키기국민행동 공동 대표가 산양 후견인으로 소송에 참여했다. 하지만 안타깝게도 2019년 1월, 서울 행정법원(행정6부, 부장판사 이성용)은 산양이 원고 당사자가 될 수 없고 사람도 동물의 후견인이 될 수 없다며 소송 각하(반려) 결정을 내렸다. 2006년 천성산 도롱뇽, 2007년 충주 쇠꼬지 황금박쥐, 2010년 금강 검은머리물떼새에 이어 2019년 설악산 산양도 이 나라 법원에서는 원고 당사자 지위를 인정받지 못한 것이다. 이러한 법원의 결정은, 자연(물)의 원고 당사자 지위 문제가 한국 사회에 미해결 과제로 남았음을 시사한다.

놀이와 협동

• 요아힘 뵈켈라르, 주동경, 조극현, 범안인

1

오래도록 우리는 우리의 뿌리를 모르고 살아왔다. 우리 모두가 바다에서 뭍으로 올라와 진화한 동물의 후예이지만, 우리는 우리가 온 곳을 기억하지 못한다. 고대인의 생각을 드러내는 여러 신화는 물(바다 또는 강)이 인간의 기원과 연관되어 있음을 말하고 있으나, 인류의 역사 기록은 어류를 식량으로 삼은, 짧지 않은 어렵 생활 이후에나 등장했다.

2

이런 역사적 사연은 회화사에도 짙은 그늘을 드리웠다. 약 3만 년 전부터 동굴에 벽화를 남기기 시작한 이래 최근까지 우리 가운데 그릴 줄 아는 이들은 어류를 천대하기 일쑤였다. 도감이나 백과사전에 기록된

요아힘 뵈켈라르, 〈어시장〉, 1568

그림은 예외겠지만, 그림 그린 이 가운데 대다수는 어류를 생물生物이 아니라 생선生鮮으로 취급했다. 게다가 어류생태학자 황선도의 지적처럼, 종수가 가장 다양한 척추동물군을 싸잡아 '물에 있는 고기'라고 부르는 것 자체가 우리의 오래된 무지 또는 편견을 단적으로 드러낸다.

상징적인 사례로 16세기 플랑드르(네덜란드 남부) 화가 요아힘 뵈켈라르Joachim Beuckelaer(1533~74경)를 거론할 만하다. 이 화가가 화폭에 즐겨 담은 한 가지 소재는 동물의 사체를 다루는 광경인데, 〈어시장Fish Market〉(1568)에서도 우리는 같은 광경을 보게 된다. 이 그림에서 놀고 다투고 아파하고 즐거워하며 자기 삶의 이야기를 지어가는, 물에서 살아가는 생물 개체는 찾아볼 수 없다. 바다에서 몇 년 살다 때가 되면 강의 상류로 올라가 산란하고 죽는 연어 떼들의 신기한 여행 이야기도 없다. 숭어 떼의 연속 점프 같은 찬란한 퍼포먼스는 기대도 하지 말아야 한다. 우리의 눈에는 그저 우리의 배를 채워줄 먹음직한 어느 유기체의 사체가, 이 사체의 토막이, 내장이, 그것을 담고 자르는 도구(바구니와 요리용 도끼)가, 파는 자와 사는 자가 들어올 뿐이다.

이 그림 한 폭에는 자연(제2의 자연)과 인간과 신神, 삼자가 응결 되어 있다. 노인이 들고 있는 요리용 도끼는 인간 자신이자 인간이 모시는 신이다. 인공지능 로봇, 자율주행 자동차, 목성 탐사선 주노Juno 의 시조는 전부 이 요리용 도끼다. 그리고 탁자 위의 죽은 물고기는 인간이 변형한 자연, 인간화된 자연, 제2의 자연을 표상한다. 인간 이전의, 인간의 멸종 이후에도 있을 제1의 자연은 이 그림에서는 도시 너머로 보이는 구름으로, 희미하게 표현되어 있을 뿐이다.

하기야 경험의 시간이 앎의 시간보다 가혹할 정도로 길긴 했다. 아무 생각 없이 잡아먹으며 살았던 시간이, 과학이 알려준 사실(이를테면 인간의 기원이, 데본기에 탄생했고 3억 5000만 년 전 육지로 올라왔던 네발 달린 어류까지 거슬러 올라간다는 사실)에 놀란 시간에 비해 지나치게 길었다. 물고기의 감정이나 지능에 관한 앎의 역사는 이제 겨우 시작되었을 뿐이다.

장구한 암흑기에도 물고기를 생선이 아닌 생물로 그려낸 작품들이 종종 회화사에 출현했다. 그중에서도 '자유롭게 노닐고 있는 어류'를 형상화한 작품이라면, 서양화보다는 중국화가 먼저 떠오른다.

주동경周東卿(생몰년 미상, 중국 원대)이 그린 〈어락도魚樂圖〉(1291)는 길이가 장장 11미터에 달하는 대작이다(전체 크기 32.1cm×1122cm). 벽면에 걸린 이 작품을 옆에 두고 천천히 걸음을 떼어놓으며 놀이하듯 시선으로 더듬으면, 왕년에 놀아본 감각이 소생할 듯도 싶다.

그런데 물고기 하나하나의 표정을 자세히 살펴보면, 마냥 즐거워 보이지는 않는다. 노는 물고기의 즐거움을 상상하려면 오히려 조극현趙克夐(중국 남송)의 작품으로 추정되는 〈어희도魚戲圖〉(12세기 초)가 안성맞춤일 것이다.

이 두 작품에서 화가들은 물고기를 눈에 보이는 그대로 그려내며 그들을 예찬하고 있지는 않다. 그보다는 제멋대로 노니는 물고기의 형상에 의탁해 화가 자신 또는 인간의 자유 지향을 표현했다고 봐야 할 것이다. 겉으로는 물고기 예찬이되, 실제로는 인간의 지향을 담은, 불순한 예찬이었다고나 할까. 이것이 사의寫意(형상에 의존해 뜻을 표현)라는 단어로 집약되는 중국 문인화의 세계다.

노니는 물고기의 즐거움을 주제로 삼은 일련의 중국화는 장자莊子의 일화에서 비롯되었는데, 그 일화는 이러하다. 혜자가 장자에게 물었다. "장자, 당신은 물고기도 아니잖아. 물고기의 즐거움을 당신이 어

주동경, 〈어락도〉 부분, 1291

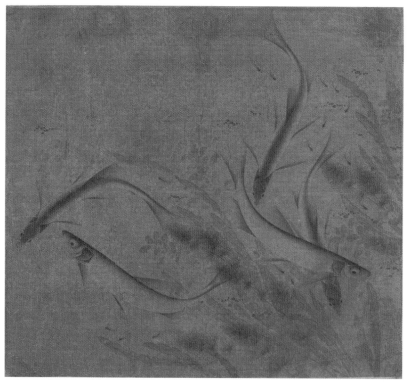

조극현(추정), 〈어희도〉, 12세기 초

떻게 아는가?" 장자가 응수했다. "당신은 내가 아니잖아. 내가 물고기의 즐거움을 아는지 모르는지, 당신이 어떻게 알지?"(《장자》, 추수秋水 편)

둘의 설전이 장자의 승리로 귀결되는 것처럼 《장자》에는 적혀 있지만, 장자가 물고기의 즐거움을 정말 알았다 해도, 그것은 기껏해야 직관적 앎에 불과했다. 노는 물고기의 즐거움에 관해서라면 동물행동학인 고든 버가르트Gordon M. Burghardt가 《동물 놀이의 탄생The Genesis of Animal Play》에서 열두 가지 물고기들의 놀이 방법을 소개한 이후 비로소 세상에 알려졌다. 2005년, 이 책을 출간하며 버가르트는 장자의 오래된 가설을 입증했다. '물고기는 놀 줄 안다!'는 가설 말이다.

4

마지막으로, 13세기 남송 시대 화가 범안인范安仁이 그린 〈어조도魚藻圖〉로 시선을 옮겨보자. 이 그림을 고른 건, 이 그림이 바다 물고기들의 무리헤엄(群泳, schooling)을 연상시키기 때문이다.

청어, 날치, 멸치, 정어리 등의 무리가 뭉치고 나뉘었다 다시 뭉치고, 갑자기 돌고 솟구치고 수축했다 팽창하는 모습은 그야말로 '지구가 빚어낸 장관'이다. 이들의 무리 이동에서 우리는 자유로움이라는 가치와 아름다움이라는 가치가 함께 구현되는 형상을 본다. 그러나 우리는 언제 자유로운가? 개체라는 허울 또는 환각을 벗어던질 때, 우리라는 실상을 몸으로 구현할 때 자유롭지 않을까? 자유로움이라는 가치가 어느 유기체(들)의 실존에서 구현될 때, 그것은 또한 아름답다고 말할 만하지 않을까?

흥미롭게도 무리헤엄을 하는 청어, 날치, 멸치, 정어리 들에게는 거대한 무리를 이루려는 의도가 없다. 개별자는 각자 옆 친구에 붙어 옆 친구들과 동작을 맞추기만 하면 된다. 즉 하나는 둘이 되고, 둘은 셋이 되고, 셋은 넷이 되고, 넷은 다섯이 되고…… 이런 식으로 친구들의 수가 불어나 거대한 군집으로 귀결될 뿐이다. 옆 친구의 동작 변화는 주로 '옆줄lateral line'이라는 기관을 통해 서로 인지된다. 또한 개체 간 충돌을 방지하려면 적당히 거리를 두어야 하고, 순간의 동작 변화를 민감하게 인지하려면 거리를 충분히 가까이 유지해야 하는데, 이 두 가지 모순되는 요구 사이에서의 균형잡기가 그야말로 절묘하다.

충분히 가깝되, 결코 부딪치는 법은 없다고? 무리를 이루어 이합離合과 집산集散을, 수축과 팽창을 자유자재로 한다고? 그렇다면 이것은 무리헤엄이 아니라 차라리 무리춤〔群舞〕일 것이다. 올림픽 개막식장에서 4년마다 무리춤을 보며 확인하는(코로나 이전 시대 이야기이긴 하다) 우리의 이상理想을, 어떤 이들은 나날이 바다라는 무대에서 천연덕스럽게 시연하고 있다.

이들이 군무를 시연하는 이유는 뜻밖에 단순하다. 효율적으로 이동할 수 있고, 포식의 위험도 확연히 저감되기 때문이다. 그러니까 이들의 춤은 예술을 위한 예술이 아니라 삶을 위한 예술이다. 살아간다는 것이 곧 예술이 되는 삶, 그런 삶을 우리도 살 수 있을까? 살아야

범안인, 〈어조도〉 부분, 13세기

하지 않을까?

　〈어락도〉나 〈어희도〉에서 보이는 '즐거움'과 〈어조도〉에서 엿보이는 '춤으로 구현되는 협동'. 어느 것 하나 포기할 수 없는 가치이겠지만, 요새 나는 범안인의 〈어조도〉를 물끄러미 바라볼 때가 있다. 청어, 날치처럼 우리에게도 '옆줄' 같은 것이 있어서 함께 춤추듯 살 수는 없는 걸까? 악성 댓글이 사람을 잡아먹고, 밥 먹듯 상대를 고소하며, 증오와 혐오와 거짓말의 정치가 합리적 토론을 밑거름으로 하는 보람된 공론의 가능성을 집어삼키는 작금의 시대에 필시 어림없는 생각일 것이다.

다람쥐 그리기

• 허곡

1

녀석은 사람을 피하지 않는다. 자기에게 위협을 가한 사람을 아직껏 만난 적이 없어 그런지 모른다. 그렇다고 언제나 편안히 응대하는 느긋한 성격도 아니다. 실은 반대여서, 조바심 같은 것이 녀석의 몸짓에는 배어 있다. 하지만 시간을 더 들여 조용히 살펴보니, 늘 그런 것도 아니다. 한번은 녀석과 '먼저 움직이는 쪽이 지는 게임'을 하기도 했는데, 슬그머니 꼬리를 내린 쪽은 뜻밖에도 녀석이 아니라 나였다. 선입견을 거둔 것은 그때였다.

2

산책길에서 다람쥐나 청설모를 마주친 게 그리 대단한 경험은 아닐 것이다. 하지만 누군가에게는 매우 소중한 경험일 수도 있다. 문제는 이처럼 소중한 경험을, 그로 인해 얻게 된 (사물이나 풍경에 관한) 어떤 심상을 어떻게 하면 오래 간직할 것인가, 또는 그 경험과 심상을 어떻게 자기 삶과 영혼의 일부로 변환할 것인가이다. 19세기 영국 비평가 존 러스킨John Ruskin(1819~1900)은 아름다운 무언가를 내면에 간직하고 싶다면, 그림을 그리거나 글을 써야 한다고 생각했다. 그리거나 쓰면 사물의 세부를 의식에 새기며 보고 이해하게 되고, 그럴 때 비로소 바깥의 그것은 우리 자신의 내면이 된다는 것이다.[8]

3

청설모를 즐겨 그렸던 19세기 중국의 승려 허곡虛谷(1824~96)이 지구 반대편에서 동시대를 살았던 영국 사람 러스킨을 알았을 리 만무하지만, 허곡은 러스킨의 지침을 실천에 옮기며 산 드문 사람에 속한다. 군인으로 살다 훗날 승려로 변신한 이 중국 화가는 아마도 산책길에서 만났을 여러 동물과 식물, 탑, 어부 같은 대상을 지면에 그려 넣었는데, 그가 가장 애호한 동물은 다름 아닌 청설모였다.

　허곡은 붓을 옆으로 뉘어 그리는 독특한 화법을 구사했는데, 그래서 그림에는 서툴고 소박한 느낌이 착실히 배어 있다. 하지만 바로 그렇기에 그의 화폭에는 방달한 기상이 묻어 있기도 하다. 그의 그림에는 18세기나 19세기의 중국 청화 도자기에서 쉽게 찾아볼 수 있는

'파인Fine' 아트의 완벽미나 화려미 따위가 전혀 일렁이지 않는다. 그러나 허곡은 파인 아트를 만들지 못한 것이 아니라 파인 아트의 이상을 거부한 것이 아니었을까? 이러한 추정 없이, 붓의 옆면을 일부러 사용했던 그의 선택을 이해하기란 어렵다. 확인할 길이 없지만, 나는 이 승려 화가가 '테크닉technic'을 경계함, 열심熱心이나 각고의 노력을 멀리함, 소박함과 자연스러움을 지킴 같은, 예술 창작과 생활에 공통되는 자신만의 원칙을 고집했으리라 짐작하고 있다.

그런데 허곡의 그림에서 은연히 우러나는, 소탈해서 시원한 미감은 청솔모라는 동물 자체가 우리에게 선사하는 미감과 꽤나 닮았고, 이 점에서 허곡의 청솔모 그림은 일세一世의 성취라 할 만하다. 가장 청설모스러운 청설모 그림이랄까. 그의 그림 속에는 청솔모가 아예 들어와, 고개를 뾰죽 내밀고, 이리저리 돌아다니며 놀고 있다.

이런 느낌 때문인지 처음 만난 순간부터 지금껏 나는 이 중국 승려의 청설모 연작에 반해 있다. 왜 그토록 청설모를 많이 그렸지? 이런 질문은 불필요하다. 어떤 이에게 어떤 동물이나 식물은 각별한 존재로 다가오는 법이고, 이 중국 승려에게는 청설모가 그랬을 뿐이다. 어쩌면 같은 집을 점유하지 않았을 뿐 그에게 숲길에서 만나는 청설모들은 생애의 동반자, 즉 반려伴侶였는지도 모른다. 어쩌면 그에게 청설모라는 존재는 살아감이라는 미학의 준거점이자 동시에 예술 창작 미학의 준거점이었는지도 모른다.

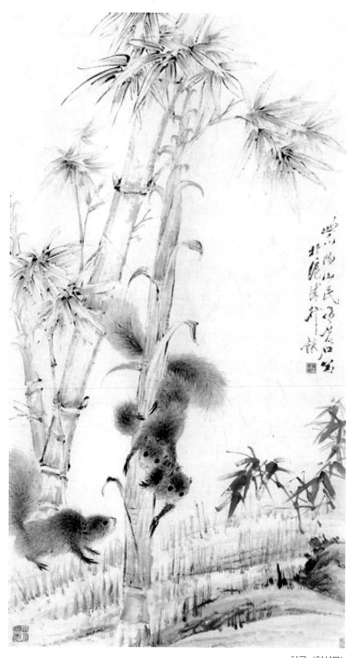

허곡, 〈청설모〉

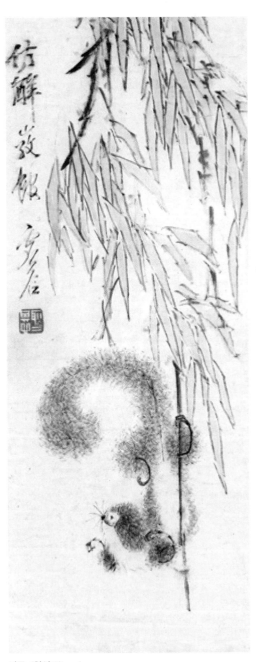

허곡, 〈청설모〉

허곡, 〈청설모〉

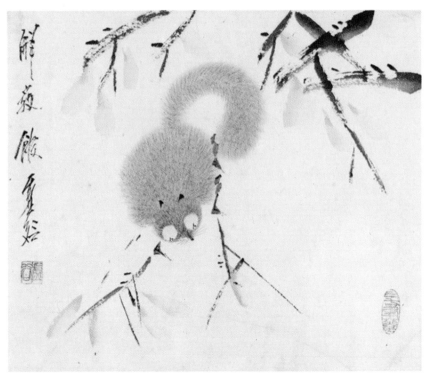

허곡, 〈청설모〉

4

그러나 독자들은 내가 지금 잘 알려지지 않은 어느 화가를, 그이의 동물 사랑을 소개하려고 이 글을 쓰는 것만은 아님을 아서야 한다. 그보다는 어느 중국 화가의 청설모 그림을 예시 삼아 '인간의 모순'을 지적하려는 매우 불순한 목적으로 여기까지 당신의 눈길을 끌어왔음을 알아주셨으면 한다.

애정하는 동물을 지면에 옮기는 화가는 대체로 자기 배반적 인간이기 쉽다. 허곡을 비롯하여 동서고금의 화가들이 썼고 쓰고 있는 화필에는 털뿐 아니라 목숨까지도 갈취당한 숱한 동물의 비명과 억울한 삶이 스며 있기 때문이다. 이렇게 말하면 미술계 종사자들은 펄쩍 뛸지 모르나, 인류의 회화사 자체가 곧 수피獸皮의 착취사였다. 적어도 지구 곳곳, 경향 각지의 미술관, 박물관의 벽면과 창고에는 동물들의 죽음과 고통의 그림자가 짙게 드리워져 있다.

서양, 동양은 더없이 미욱한 개념이지만(왜 동양은 그리도 넓은 땅의 여러 문화권을 아우르는가? 왜 인도문화권이 한중일문화권과 같은 이름을 부여받는가?) 이걸 전제하고 말하자면 이른바 '서양'에서 회화용 붓의 털, 즉 호毫를 만들 때 가장 인기 높은 털은 족제비 털이었다. 즉 호 제작 과정에서 가장 무참히 희생된 동물이 족제비였다. 하지만 호 제작을 위해 희생된 동물의 목록은 결코 빈약하지 않다. 염소, 양, 말, 소(귀털을 썼다), 돼지, 낙타처럼 길들인 동물들, 늑대, 오소리, 너구리, 몽구스, 토끼 같은 야생동물들이 '두루' 미술사의 제단에 피를 뿌렸다. 최고급 모필은 러시아 콜린스키kolinsky 지역에 서식하는 족제비(그래서 이름이 콜린스키다) 털로 제작되었다. '품질'을 기준으로 동물의 등급과 가격, 동물 수요(사냥과 축산의 규모)가 결정되었다.

자, 허곡 스님의 청설모 그림으로 다시 돌아와 보자. 중국화에 쓰인 화필의 털은 누구의 몸에서 채취된 걸까? 족제비는 북반구 대부분 지역에서 서식하니 북반구 동쪽에서도 선호되었을 가능성이 있지만, 그보다는 염소(부드러운 화필의 털)나 돼지, 말, 오소리, 사슴, 토끼(딱딱한 화필의 털) 같은 동물이 선호되었다. 서쪽과 비교하여 동쪽의 특이점은 심지어 개, 고양이같이 사람에게 친근한 동물, 학처럼 신성시되는 동물마저도 가차 없이 희생되었다는 점이다. 그만큼 붓에 대한 욕구(수요)가 동쪽에서 더 맹렬했던 걸까?

다람쥐는 어떨까? 꿩 대신 닭이라는 말이 있지만, 족제비 대신 다람쥐였다. 가성비가 좋아 인기가 높았고, 지금도 이 사실에는 변함이 없다. 게다가 다람쥐털은 미술용 붓만이 아니라 메이크업용 붓 제작에도 쓰이고 각종 의류 생산에도 동원되고 있다.

어떤 독자는 '지금 붓 만드는 것까지 시비할 셈이냐'라며 화를 낼지도 모르겠다. 그렇다. 인간이 동물의 가죽과 털을 사용한 역사는 문명의 역사보다도 길고, 이것을 '착취'의 역사라 규정하는 것은 섣부를지도 모른다. 그러나 어떤 행동이 착취인지 아닌지를 판단하려면 역사적 실태를 먼저 확인해봐야 하지 않을까? 그간 인류가 근사한 미술관을 세우고 유지하느라 얼마나 많은 족제비와 늑대와 다람쥐 들의 삶을 끝장냈는지 성실히 가늠해본 후에야 이 용법의 타당함 여부를 판별

할 수 있지 않을까? 글로벌 미술용품 산업, 화장품 산업의 공급 체인의 하나로 운영되어온 '늑대 농장', '돼지 농장', '다람쥐 농장'의 실태를 살펴보고 나서, 그 여부를 판단해야 옳지 않을까?

오늘 난 결심했다. 이제부터 동네 숲에서 만났던 다람쥐를 그려보겠노라고. 러스킨 선생의 가르침을 따르고자 함이고, 허곡 스님의 청설모 사랑을 본받고자 함이다. 그림 그리기란 '참으로 나를 만나는' 활동인 '오티움otium'이 아니겠는가! 그러나 내 앞에 있는 다람쥐를 그려가는 내 붓이, 내가 모르는 어느 다람쥐의 죽음의 결과물이라면 어떨까? 그뿐 아니라 그 죽음이 야생에서 살다 포획된 누군가가 아니라 처음부터 감금틀 안에서 감금되어 자라다가 때 되어 목이 잘린 누군가의 죽음, '공급 체인 위의 죽음'이라면 어떨까? 그 죽음의 흔적을 손에 쥐고 그릴 때, 내 다람쥐 그림은 무엇이 되는가? 그것은 하나의 가치 있는 그림인가? 미술 매매상이나 미술 수집인에게는 가치 있을지 모르나, 우주의 관점에서는 가치 있는 그림이 아니다.

지금 아마존(amazon.com)에서는 다람쥐 털로 만든 최고급 캘리그래피용 붓이 28.49달러에 판매되고 있다.

2부

불타는 지구를
그림이
보여주는 것은
아니지만

지금은 바다의 권리를 이야기할 시간

· 세드나 조각상

1

19세기 말, 프랑스 역사가 쥘 미슐레Jules Michelet는 선구적인 작품 《바다》(1898)에서 바다 동물들에게 인간이 가하는 고통이나 해害에 관해 이렇게 쓰고 있다.

> 우리는 죽일 수밖에 없다. 우리의 이빨과 위장이 (우리가) 죽음을 필요로 하는 운명이라는 증거다. [9]

왜 아니겠는가. 죽음을 먹고 사는 삶, 즉 다른 생물의 사체에서 부–엔트로피negative entropy를 취하며 정연성의 붕괴를 얼마간 지연한 채로만 살아가는 삶—그 어떤 동물 종에도 적용되는 이 지구의 생명률은 최첨단 문명 세계 안에 산다 해서 비켜 갈 수 있는 것이 아니다. 사피엔스라고 불리는 동물은 최후의 순간까지도 바다의 식량원만은 포기할 수 없을 것이다.

그렇다면 문제는 우리가 바다 동물에게 가하는 고통 자체보다 고통의 총량, 고통의 정도일 것이다. 이른바 '연승어업延繩漁業, longline fishing'을 하는 어선은 50~100킬로미터나 되는 기다란 낚싯줄들을 드리워(수많은 낚싯줄이 하나의 긴 줄에 엮인 상태에서 아래로 내려가므로 사실상 거대한 망의 형태를 띤다) 몇 시간에 걸쳐 대량의 수확물을 거둬들인다. 이 '지옥의 사자'에 걸린 이들은 몇 시간을 이리저리 끌려다니다 선상에 올라와서도 좀처럼 숨이 끊어지지 않는다. 더욱이, 이 조업 방식은 목표물이 되는 어류 외에도 새와 포유류, 파충류까지 무차별 살상한다.

연승어업이 문제가 된 지는 꽤 오래되었다. 하지만 안타깝게도 2018년까지도 산업형 어선들이 주로 사용하는 방식으로 밝혀졌다(내셔널 지오그래픽의 '프리스틴 시스Pristine Seas' 프로젝트 연구진들의 연구를 보라). 인류가 매년 수확하는 어류의 수가 1조~2조 7000억 마리라는데[10] 아마도 연승어업이 아니라면 불가능한 숫자일 것이다.

이뿐만이 아니다. 그간 산업형 어선들은 바다를 폐기물 처리 공간으로 취급해왔다. 국제 동물권 단체 PETA(People for the Ethical Treatment of Animals)는 일회용 빨대 같은 플라스틱보다 어업 장비 폐기물이 바다와 바다 동물에 훨씬 더 큰 해악을 미치고 있다고 역설한다. 환경 단체 '오션 클린업The Ocean Cleanup'과 함께한 과학자들의 한 연구는, 우리 시대의 진정한 유령인 '태평양 플라스틱 섬'의 최소 46퍼센트가 어업 장비(그물, 양동이, 로프 등)임을 확인했다. 만약 당신에게 일회용 빨대 폐기 운동에 열광할 힘이 있다면, 어업 장비를 바다에 버리지 말라고 어업 회사들과 어부들을 향해 목소리를 높이는 데도 힘을 쏟아야 마땅하다.

바다 동물들로서는 각종 어업 장비가 연승어업 어선이 드리우는 기다란 줄 못지않은 지옥의 사자일 것이다. 일단 걸려들면 곧바로 죽지 못하고 오랫동안 고통에 시달리게 된다는, 아주 간단한 이유에서이다. 걸려든 이들은 옴짝달싹하지 못한 채 피를 뚝뚝 흘리며 서서히 죽음에 이르거나, 입안에 낀 장비 탓에 먹을 수가 없어 굶주림의 격통 속에서 천천히 아사餓死한다.

사람은 누구라도 죽음을 두려워하는지 어떤지는 나는 알지 못한다. 하지만 지속되는 고통을 두려워하지 않는 사람은 없다는 것은 확실히 알고 있다. 장시간 고통과 공포에 시달리며 죽어가는 것이야말로 우리 모두가 그토록 회피하고자 하는 것이 아닌가. 자기가 싫어하는 것은 남에게도 하지 말라는 공자님 말씀은, 이제는 인간 사회 바깥으로, 고통을 느낀다고 알려진 모든 목숨들에게까지 확대 적용되어야 하지 않을까.

2

그러나 연승어업이나 어업 장비 폐기물이 문제라고 생각하지 않는 이의 시선으로 사태를 다시 들여다보면, 고통이란 일개 '자원'에 대해서는 결코 적용되어서는 안 되는 개념이며, 바다는 여전히 무한정한 자원의 매장소일 뿐이다. 따라서 우리가 할 일이란 속초 청초호에 가서 양미리 축제를 즐기는 일뿐이다.

다행스럽게도 우리는 지금 이 '자원의 신화'가, 나아가 '무한의 신화'와 '외부의 신화'가 무너져 내리는, 적어도 무너져 내릴 조짐이 보이는 시대를 살아가고 있다. 바다는 지구라는 한정된 단일 생태계 안의 한정된 생태계라는 진리를, 바다는 인간을 위해 마련된 장소(자원 매장소)가 아니라 자기들의 원칙에 따라 자율적으로 살아가는 여러 주체들의 삶의 자리라는 진리를 우리는 최근에야 실감하기 시작했다. 그 주체들의 삶의 터전에서 일어나는 일들이 육지에 건축된 문명사회의 운명과 얽혀 있다는 진리, 즉 바다가 문명사회의 외계, 외부 지대가 아니라는 진리 또한 그러하다. 미세플라스틱이라는 형태로 우리의 머리 위와 식탁으로 돌아오고 있는, 우리가 버린 플라스틱 폐기물, 바다가 점점 더 뜨거워짐에 따라 더 빈번해지고 강해져만 가는 돌풍과 태풍, 국지성 폭우와 홍수와 장마, 해수면 상승 같은 수해 관련 뉴스가 경종을 울리고 있지 않은가. 지금 우리가 시급히 해야 할 일이 있다면, 양미리 맛에 감동하며 인스타그램 화면을 채우는 것이 아니라 저 낡디낡은 신화들과 완전히 결별하고 새로운 문명의 길로 들어서는 것이다.

하지만 대체 저 신화들과 어떻게 결별할 수 있을까? 만일 우리가 저 낡은 신화들과 정말로 결별할 수 있다면, 지금까지와는 다른 경제 시스템(예컨대 지역성이 농후하며, 정부 간 협의 기구가 각국의 어획량과 어획 방식을 통제하고, 그 결과 1인당 어류 소비량이 자연스럽게 점차 감소하게 되는 시스템)을 새롭게 상상하고 축조해갈 수 있을 것이다. 그러려면 새로운 시스템에 맞는 헌법과 법률(예컨대 바다와 바다 동물의 권리 그리고 권리 침해 행위에 관한 규제를 명기)을 정립하여 인간과 바다의 '생태적 타협점'을 구축하는 것이 선결과제일 것이다. 그러나 그 전의 선결과제가 있다. 앞서 말한 신화들을 폐기하고 새로운 신화를 창안하는 과업이 그것이다. 그리고 과학은 이 모든 과업이 원만히 성취되도록 탄탄한 기반 역할을 수행해야 할 것이다.

3

자연 또는 지구의 법적 권리에 대한 담론은 2010년을 전후하여 세계적으로 확산하기 시작했지만, 바다의 법적 권리에 관한 논의가 활발해진 것은 겨우 몇 년 전의 일이다. 예컨대 지구법 센터Earth Law Center는 2017년 세계 수준에서 바다의 권리를 진전시키는 새 기획을 시작했는데, 현재 생물종, 각 지역의 바다(예컨대 태평양), 공해公海, High Seas(각국 사법권 너머 지대ABNJ, areas beyond national jurisdiction. 지구 내 바다의 3분의 2를 차지하고 있다)의 권리를 보장하기 위해 분투하고 있다. 지구법 센터는 또한 공해동맹High Seas Alliance(2011년에 조직되어 활동하기 시작), UN 하모니 위드 네이처 사업국UN Harmony with Nature Initiative, IUCN 환경법 세계위원회World Commission on Environmental Law 등 국제단체들과 협력하며 전체 바다의 권리가 보상되는 미래를 향해 전진하고 있다. 2017년은 각국 영해 아닌 바다를 보호하기 위한 전 지구 바다 거버

넌스 조직으로서 'UN 해양법 회의UNCLOS, UN Convention on the Law of the Sea'가 출범한 해이기도 하다.

4

바다에 관한 새로운 신화라면 어떨까? 그런 게 꼭 필요할까? 지구 북쪽 끝에서 살아가는 이누이트Inuit족의 신화는 이와 관련하여 우리에게 어떤 영감을 준다. 전하자면 이러하다.

지상 만물을 만든 조물주 안구타Anguta가 딸을 낳았다. 이름을 세드나Sedna 또는 타카날룩Takannaaluk이라 했다. 무슨 까닭인지, 어

세드나 조각상(작자 미상)

148

느 날 세드나는 제 부모를 죽이려 한다. 이를 알아챈 안구타는 격분하여 세드나를 바다로 끌고 간다. 안구타는 타고 있던 카약 바깥으로 그녀를 밀어버리지만, 세드나는 기어코 카약의 옆면을 붙잡고 버틴다. 마지못해 안구타는 세드나의 손가락을 잘라내 딸을 떨쳐버린다. 이렇게 하여 세드나는 저 '아래 세상'의 지배자가 되고, 잘린 세드나의 손가락들은 고래, 물범, 바다코끼리가 되어 이누이트족의 사냥감이 된다……

이 신화를 나는 이렇게 해석한다. 첫째, 고대 이누이트 사람들에게 바다는 조물주의 생명을 위협할 정도로 강력하고 두려운 괴물 같은 존재였다. 둘째, 그들에게 바다는 이 세계의 독자적 세력이되, 하부 세계이자 미지의 세계였다. 그래서 세드나가 지배하는 곳은 '아래 세상'이다. 셋째, 세드나의 신체 일부(손가락)를 먹잇감으로 사냥하는 것은 허용되지만, 오직 그것만이 허용될 뿐이라고(즉 세드나 자체를 건드리는 것은 허용되지 않는다고) 그들은 믿었다.

이야기는 인간에게 소중한 등불과도 같다. 인간은 곡식만으로는 살아갈 수 없다. 인간이 살아가려면 지혜와 도덕이 필요하며, 지혜와 도덕은 이야기라는 양식으로 표현되어야 좋다. 그건 무엇보다도 우리 인간이 아무런 의미도 없어 보이는 암흑의 세계(우주) 속에서도 의미 있는 삶은 무엇일까라는 궁극의 질문을 결코 놓는 법이 없는 존재, 즉 무엇보다도 삶의 의미나 보람(존재 의의)을 캐내 자신에게 선물하려는 지향성을 강하게 지닌 존재이기 때문이다. 반대로 말해, 이러한 질문과 지향성을 품고 사는 특이 동물을 우리는 인간이라고 부르고 있다. 그리고 인간의 길에 관한 지혜와 도덕은 이야기 형식으로 전달될 때 가장 편안하게, 물 흐르듯 아래 세대에게 전승된다. 이 우주에서는 생물과 생물 아닌 것들이 전부 이야기라는 꼴로 자기를 개진하고 있기 때문이기도 하고, 그 진면목을 천천히 드러내는 이야기의 모든 꼬리들(이 꼬리들 전체가 모여 하나의 이야기를 이룬다)이 인간에게, 특히 배워가는 인간에게 풍부한 감정인 호기심을 자극하기 때문이기도 하다. 이것이 바로 까마득한 고대부터 지금까지 입에서 입으로 숱한 신화, 설화, 동화가 전해진 까닭이다.

그뿐만이 아니다. 인류의 각 집단은 신(신의 섭리) 또는 우주를 이야기라는 꼴로 이해하는 전통을 공유하고 있다. 인류의 대다수 집단에게, '인간의 길'을 알려주는 존재인 신은 이야기라는 형식을 통해 알려지고 드러나야 했다. 또한 우리 자신이 우주가 스스로 쓰는 어떤 이야기 안에 들어와 있고, 그 이야기 안에서 개인과 집단이 고유한 이야기를 지으며 살아가고 있다는 생각은 보편적인 것이지 특정 집단의 생각이 아니다.

그렇다면 저 세드나 신화는 어떤 이야기일까? 바다를 범접해서는 안 되는 강력한 힘의 주체라고 보았던, 어느 변방의 민족에게 등불이 되어주었던 저 이야기 한 조각은 새로운 삶의 원칙으로 우리를 안내해주는 등불은 아닐까? 현대판 이누이트 이야기가 무수히 창안되어 어린이들의 귀와 눈을, 그들의 미래를 밝혀주어야 하지 않을까?

학대받는 바다, 플라스틱은 국경이 없다

• 피터 멀케이

1

1898년 출간된 《바다》에서 미슐레는 대륙의 윤곽을 확정하는 것은 바다이고, 따라서 지리학은 바다에서부터 시작하는 편이 좋다고 쓰고 있다. 100년도 전에 지구 지형을 보는 시각을 육지중심주의에서 해양중심주의로 바꾸자고 주문한 것이다. 또, 미슐레는 같은 책에서 이렇게 쓰고 있다. "바다는 거대한 지구의 암컷이다. 영원한 수태로 새끼를 낳는다. 절대로 끝이란 없다."

　　노자는 일찍이 천지가 영원히 만물을 낳는 풀무와 같다고 했는데(《노자》 5장), 미슐레는 바다가 바로 그런 존재라고 했다. 그렇다. 지구가 생명으로 가득 찬 특이한 행성이라면, 지구의 그런 성격은 바다가 가장 잘 알려준다. 바다에 만물의 생성 원리가 있다고 보았던 호메로스가 옳았다. 최초의 생명체가 잉태되었고 생명의 진화사가 수십억 년간 찬연히 펼쳐진 곳. 우리 인간이 속하는 척추동물이 발원한 곳. 우리를 늘 살려줄 곳. 지구의 살림꾼. 지구의 중심.

2

이러한 바다를 우리는 그동안 세계의 주변부로 취급하며 너무나도 학대해왔고, 바다로부터 자발적으로 소외되어왔다. 인간중심적이고 성장주의적인 사고방식의 노예가 되어 바다를 자원 매장소, 폐기물 투척 장소로 취급한 지 오래다.

그러나 물극즉반物極即反(사물이 극에 도달하면 원위치로 되돌아간다)이라 했던가. 플라스틱 폐기물에 노출된 바다거북, 물범, 고래와 돌고래 들의 고통과 죽음이, 반反의 현상이 되어 우리가 어떤 극점에 이르렀음을 웅변하고 있다.

얼마나 극단적인 걸까? 바다를 떠도는 플라스틱의 총량은 2022년 기준 약 2억 톤이고, 여기에 매년 1100만 톤이 추가되는 것으로 추정되고 있다(국제 해양보호 단체인 '오션 컨서번시Ocean Conservancy' 추정). 추가되고 있는 양만 환산해도 "폐기물 트럭 한 대 분량의 플라스틱"이 1분마다 쉼 없이 투여되는 꼴이다.

해양 플라스틱이 만든 지옥을 알려주는 또 다른 지표는 그동안 플라스틱으로 피해를 입은 동물의 숫자다. 한 연구에 따르면, 태평양의 6000미터 이상 심해에 있는 6개 해구를 조사한 결과, 이곳 동물(표본 90마리)의 72퍼센트에서 미세플라스틱과 합성섬유가 발견되었다.

3

2015년, 사태의 심각성을 알리고자 그린피스가 800여 개의 플라스틱 백(비닐봉지)을 엮어 오스트리아 빈의 한 거리에 설치한 '플라스틱 물고기' 형상물은 어떤 설치미술 작품보다도 큰 울림을 남겼다. 그리고 이 울림은 2015년 오스트리아를 넘어서 계속 이어졌다. 2017년엔 런던의 리사이클링 회사 바이워터스Bywaters가 10미터 길이의 '플라스틱 고래' 조각상을 제작했다. 이 조각상의 무게는 1초마다 바다에 버려지는 플라스틱의 총량과 같았는데, 무려 250킬로그램이었다. 이 조각상은 2017년 하반기, 유럽을 순회했다.

이러한 세계의 흐름에 비하면 늦은 감이 있지만 '녹색 불모지'인 이 땅에서도 플라스틱이 드디어 핫 이슈로 부상했다. 심지어 정부까지

2015년 그린피스 활동가들이 비닐봉지 800여 개로 만든 설치미술 작품, 플라스틱 물고기

나섰는데, 지난 2019년 5월 31일 정부(해양수산부)가 2019년을 '해양 플라스틱 제로화 원년'으로 선포하고 '해양 플라스틱 저감 종합 대책'을 내놓은 것이다. 한편으로 반갑기 그지없는 소식이나, 어쩐지 미심쩍은 구석이 있다. 저감하고 제로화하려는 '해양' 플라스틱은 한국 영해 또는 연해緣海의 플라스틱에 한정되는가, 아니면 태평양을 돌고 있는 거대 플라스틱 섬들(이들 중 하나는 프랑스 영토의 세 배 크기 면적으로 추정된다)의 플라스틱까지 포함하는가? 해수부는 물론 전자를 저감하자는 말이겠지만, 불행히도 해양 플라스틱은 국경을 구분하며 이동하는 법이 없고, 이 나라의 연해로, 연해에 사는 물고기의 몸속으로, 그리하여 우리의 밥상 위로 끊임없이 밀려들고 있고, 앞으로도 그럴 것이다.

그렇다 해도, 아니 바로 그렇기에 우리는 행동하지 않을 수 없다. 2019년 국립생태원은 해양 플라스틱 관련 전시를 열며 시민들에게 다섯 가지 약속을 해달라고 주문했다. 일회용품 사용 저감, 에코백과 텀블러 사용, 분리 배출, 플라스틱 과대포장 제품 불매. 소소하지만 확실한 실천(소확실)이랄까?

그러나 이러한 행동은 정말 '확실한' 실천일까? 그저 소소하기만 한 실천은 혹 아닐까? 물극즉반의 시대, 우리는 가능한 모든 실천을 해야겠지만('약속 다섯 가지'는 기본이다) 가장 중요한 실천은 우리의 생산과 소비 행위 전체, 일상 전반의 행동을 뒤바꿀 '새로운 문화의 원칙'을 확립하는 것이 아닐까? 소비자의 마음 자세만이 아니라 생산자(기업과 경영진)의 마음 자세와 생산 방식이 바뀌어야 한다. 그러려면 바다를 (그리고 자연 전체를) 우리를 위해 마련된(하느님이 우리에게 선물한) 자원 매

장소가 아니라, 인간을 포함한 지구 생물 모두에게 소중한 커먼스로,
우리 자신이 생명이 절대적으로 의존하고 있는 생명의 근간으로 재인
식할 수 있어야 한다.

4

'재인식'이라 한 까닭은, 우리가 지금과 같은 극단적인 동물이 되기 이
전에 수많은 인류 사회가 그와 유사하게 바다를 인식하고 있었기 때문
이다. 수천 년 역사를 지닌 오스트레일리아 선주민 사회 역시 그중 하
나다.

　　　이 선주민들의 유서 깊은 생활예술을 현대화하고 있는 예술가
피터 멀케이Peter Mulcahy의 작품들은, 이미 수천 년 전 그들이 바다의
뭇 생명들을 인간 삶의 동반자로, 그들만의 독자적인 삶을 영위하는 삶
의 주체로 이해했음을 일러준다. 이를테면 〈강의 차원River Dimensions〉
에 보이는 바다거북과 오리너구리와 새 들은 인간과 별반 다를 바 없는
생물들이다. 불을 피우고 작살을 사용하며 배를 건조할 줄 아는 인간
이지만, 이러한 활동이 다른 생물의 삶과 모순되거나 특출한 것은 전혀
아니다. 그리고 세계는, 태양은 인간과 다른 생물들을 차별 없이 품어
주고 있다.

　　　흥미로운 것은 그림에 보이는, 태양에서 또 어디선가 불쑥 뻗어
나온 팔과 손이다. 생명을 보듬는 지구의 힘이라면, 굳이 인간의 손이

155

피터 멀케이, 〈강의 차원〉

아니어도 될 것이다. 하지만 왜 저것은 인간의 손일까? 그러니, 이 손은 '이 그림'과도 같은 무엇이다. 이 손은 지구가 오랜 생명의 진화사를 써오면서 창출해낸 독특한 정신이다. 이 정신은 지금 인간이라는 매질(미디어)에 의해 표현되고 있지만, 인간에게만 귀속된 것은 아니다. 말하자면 이 정신은 세계를 이해하고 재현하고자 하는 정신, 물극즉반의 사태를 알아보는 정신, 자성할 줄 아는 정신, 약자와 피해자를 보호하려는 정신이며, 우리 인간의 알짬이기도 하다.

어쩌면 우주에서 가장 진귀한 보물. 우주 어딘가에서 불쑥 뻗어나온 팔과 손. 이것이 있는 한, 아직 끝난 것은 아니다.

숲의 민족과 오늘의 숲

• 왕이, 오민수, 김하종, 모이즈 키슬링

1

속세가 끝나고 선계가 시작되는 곳일까? 운무에 싸인 높은 산봉우리를 향해 누군가 말인지 나귀인지를 탄 채 나아가고 있다. 뒤에는 시중 드는 사람들이 종종거리는 오리 새끼들처럼 뒤따르고 있다. 산에는 듬성 듬성 침엽수가 있긴 하지만 수목은 거의 보이지 않는데, 산을 오르고 있는 이는 아마도 화가 자신일 것이다.

　그런데 운무에 싸인 산의 모습이 여간 예사롭지 않다. 어느 고사高士가 세상을 피해 살고 있을 것만 같은데, 이 유심幽深한 산의 경치는 화가의 눈에 드러난 그대로의 실경일까? 혹시 꿈에 보았다는 도원, 몽유도원과 비슷한 풍경은 아닐까?

　이 작품은, 중국 명대 화가 왕이王履(1332~미상)가 중국 오악五岳의 하나로 꼽히는 화산華山을 직접 유람하고 그곳의 풍치와 풍광을 담아낸 〈화산도책華山圖册〉의 한 점이다. 따라서 이 작품 속 풍경은 100퍼

왕이, 〈화산도책〉 부분, 14세기

센트 실경은 아니겠으나, 그렇다고 100퍼센트 상상화도 아닐 것이다.

하지만 이 작품이 보여주는 화면은 그것이 실경이든 아니든 우리 한국인의 눈에는 퍽 낯설게 느껴진다. 작품 속 산의 이미지가 우리 안에 있는 산 이미지 창고 밖에 있기 때문이다. 그건 한반도의 경우 암산巖山보다 토산土山이 많고, 암산이라 해도 태반은 숲을 거느리고 있기 때문이다.

우연인지 필연인지, 쑹화강(송화강)과 헤이룽강(흑룡강, 아무르강) 주위에 원시적 형태의 부족 공동체가 꾸려지고, 그 후 이들이 동이족東夷族이니 예맥족獩貊族이니 하는 이름으로 불리기 훨씬 이전에, 백두산 일대와 아래쪽 산들은 전부 숲을 거느리고 있었다. 오늘의 의미에

오민수, 〈산수이상―서귀포〉, 2018

김하종, 〈혈성루망 전면금강도〉, 1816

서 국가라고 할 만한 정치체가 들어선 뒤에도 이러한 자연사적 사실에는 변함이 없어서, 이곳 동국東國은 늘 산림국山林國이었다. 또는 이땅의 지역은 대부분 (거대한 사막 같은 막막한 대자연 대신) 습지, 계곡, 숲이 풍부한 굴곡진(요샛말로 다이내믹한) 지형으로 이루어져 있었다. 이러한 독특한 생태 경관의 운치를 제대로 음미하려면 한라산부터 백두산까지를, 그리고 백두산 너머 지린, 쑹위안, 하얼빈을 감아 도는 쑹화강을 따라서, 나아가 쑹화강과 헤이룽강의 합류점을 지나 헤이룽강가에자리 잡은 하바롭스크 일대까지 네 시간 넘게 비행하며 산세와 비경을 한 번에 살펴봐야 좋을 것이다. 하지만 그럴 수 없는 우리로서는 현대 작가 오민수의 〈산수이상—서귀포〉(2018)나 조선 시대 작가 김하종金夏鐘(1793~미상)의 〈혈성루망 전면금강도〉(1816) 같은 작품을 감상하며 첩첩산중 장쾌한 금수강산을 마음의 붓으로 대신 그려보는 수밖에는, 뾰족한 수가 없다.

2

숲을 거느리지 않은 산이 이 땅에 거의 없었던 까닭에 한국인의 상당수는 산과 림(숲)을 정확히 구별하지 못한다. 산과 숲은 정확히 어떻게구분될까? 교과서처럼 무미건조하게 말하자면, 산은 두 개의 지각판이서로 충돌하여 침강하지 않고 융기하여 생겨난 땅(또는 땅의 형태, 지형)을 뜻한다. 지구가 지각판들의 충돌과 이동의 현장임을 입증하는 결정적인 한 지형물이 다름 아닌 산인 셈이다. 약 5500~4000만 년 전, 대규모 융기 현상이 지구 곳곳에서 발생하면서 히말라야, 안데스, 로키 등 북반구의 주요 산맥이 형성됐다.

반면, 이론상 숲은 돌출된 형태의 땅과는 관계가 없는 개념이다. 그곳이 어디든 나무가 가득 들어찬 장소면 숲이라 부를 수 있으니 말이다. 하지만 정확히 '얼마나' 가득해야 숲이란 말인가? 이 문제를 고민했던 유엔 식량농업기구FAO에서는 최소 면적 0.5헥타르(한쪽은 100미터, 다른 한쪽은 50미터)라는 기준을 정해두었다.

저 멀리에서 고고한 척 살아가는 암산(왕이가 그린 암산을 다시 보라)과는 다르게 숲은 지구 물 순환계, 기체(예컨대 탄소) 순환계의 생태적 노동에 늘 참여하는 착실한 일꾼이어서, 노는 듯 바쁘게 살아간다. 무엇보다도 숲은 땅의 물과 공기 중의 물(습기)을 잇는 '물 통로'이기에 생명의 쾌활성을 간직하고 있고, 또 잘 드러낸다. 숲은 한편으로 땅의 물을 붙들어두고, 다른 한편으로 그 물을 대기로 발산하면서 물 순환 노동을 수행한다(러시아의 생물학자 베르나드스키가 생명을 "활동하는 물"이라 불렀다는 사실도 떠올려보자).

폴란드 태생 프랑스 화가 모이즈 키슬링Moïse Kisling(1891~1953)이 그린 〈프로방스 풍경Provence Landscape〉은 숲의 이러한 면모를 화폭에 묶어놓은 가작佳作으로, 오늘 다시 감상할 만하다. 왕이의 화산같이 근엄한 표정으로 고착되어 있는 화면 상부의 산과 달리, 아래의 숲과 땅은 일렁이고 불타오르는 모양을 하고 있다. 무언가, 일이 일어나고 있고, 부산하기 그지없다. "마치 하나의 커다란 류트처럼 소

모이즈 키슬링, 〈프로방스 풍경〉

리를"(리처드 윌버) 내는 숲이랄까. 하지만 이 숲과 땅의 부산한 음악 소리에서 우리는 조급한 과시 같은 것이 아니라 자족의 여유 같은 것을 느낀다. 무슨 사연인지 모르겠고 어디서 발원했는지도 모르겠으나, 이 유동하는 음악 소리는 어디선가 나와 천지간을 채우며 유유히 흐르고 있다.

숲이 드러내는 생명의 활발함은, 여러 생명을 품고 사는 숲의 넉넉함을 우리에게 알려준다. 암산과는 달리 임산林山은 여러 생물을 끌어들이고 품고 살아서, 건강한 숲이라면 지구의 5대 생물군, 즉 박테리아, 원생생물, 균류, 식물류, 동물류가 밀생하기 마련이다. 숲이 류트처럼 소리를 내고 있다면, 그건 그곳에 사는 숱한 생물의 덩어리인 숲이, 그 생물들을 품은 채로, 어디론가 자신을 발산하는 소리일 것이다.

3

하지만 살림의 속사정이야 숲마다 제각각일 것이다. 서글프게도 오늘 한반도 남반부, 철원과 고성 이남의 산림에서 우리는 숲 살림 질서의 빈 구멍을 만나기 십상이다. 오늘 우리네 국토에서 범이나 표범, 늑대, 스라소니 같은 건장한 포유류를 찾아보기란 거의 불가능하고, 오소리나 담비, 수달 같은 족제빗과 동물이나 산양, 여우 같은 동물도 사정은 매한가지다. 마음먹고 숲에 들어가더라도 우리를 반기는 것은, 침엽수가 강성한 숲속에서 망가진 먹이그물을, 즉 구멍이 숭숭 난 집을 지키고 있는(그 수가 급증한 고라니와 멧돼지는 이 '구멍'과 '망가짐'을 적나라하게 보여주는 상징적 동물들이다) 새들(그도 아니라면 파충류나 절지동물이나 연체동물 또는 설치류 같은 소수의 포유류)일 뿐이다. 우리 자신이 대대로 울울창창한 산림 속에서, 산림의 풍요와 더불어 우리네 살림살이를 면면히 경영해왔고, 저 장대한 백두산과 쑹화강에 뿌리를 두고 살아온 민족의 후예임을 자각하고 다시 보면, 눈물겨운 사태가 아닐까.

산을 대하는 마음

• 정선, 왕휘, 민정기

1

우리는 늘 뒷산에 올라가 놀곤 했다. 우리가 '뒷동산'이라 부르던 야트막한 동산. 초입에 소박한 대숲이 있고, 가을이면 밭밑에 떨어진 날 선 밤송이들을 피해 걷던 야트막한 산. 내게 어린 시절 놀이의 기억이 산 풀, 산 흙을 밟던 기억과 포개져 있는 까닭이다.

이런 체험은 아마 특이하거나 별난 일은 아닐 것이다. 1970년대 조선반도 구석구석 농촌의 풍경이 별나게 다를 것 같지는 않다. 산 밑에 마을이 조용히 똬리를 틀고 있고, 산과 마을을 오가며 조무래기들이 노는 풍경. 풍경에도 전통이 있다면, 이 땅에서는 이런 풍경이 전통의 향기를 머금은 풍경이 아닐는지.

이 풍경에 서린 전통의 향기는 전통적인 생각의 향기이기도 할 것이다. 근대화가 이 땅을 집어삼키기 이전, 대대로 이곳에서는 산의 의미론이 실제 삶에 선행되었다. 밥상머리 예절을 배우기도 전에 산의 의미부터 알아챘다. 산은 마을 사람 모두의 '뒷배'라는 생각이 바로 그 것이었다. 산은 모두에게 용, 수호신, 원형의 어머니, 고향이었다. 그 래서 조선반도에 사는 사람들은 산에 태를 묻었고, 무덤을 모셨다. 마을과 나라의 큰 제사를 산에서 지내고, 고을마다 수호산(진산鎭山)을 정 한 것도 같은 맥락에서다. 이것이 산 밑에 마을 짓고 살았던 '산마을 사람들'의 정신이었다.

2

때는 1741년. 조선의 화가 겸재 정선鄭歚(1676~1759)은 영조 대왕의 명을 받고 한강 주변을 스케치하는 작업에 들어간다. 이 작업의 결과물 인 《경교명승첩京郊名勝帖》(1741~42, 보물 제1950호) 가운데 한 점은 '우천 牛川'이라는 제목을 달고 있는데, 우리 선조들이 산과 삶을 어떻게 생각 했는지를 짐작하게 하는 작품이다.

우천은 현재 경안천京安川이라 부르는 강줄기로, 용인에서 발원 하여 양평 두물머리 쪽으로 이어지는 강이다. 하지만 제목과는 달리 강보다는 산과 건물이 먼저 눈에 들어온다. 첫눈에 우리는 어떤 안온 한 느낌에 젖기 쉬운데, 마치 엄마가 아이를 품듯 산이 집과 건물을 품고 있기 때문이다. 아기 예수를 안고 있는 성모의 이미지가 아닌가.

앞쪽 바위와 원경의 산에 푸른색 안료를 사용한 것도 이채롭 다. 푸른빛은 "먼 곳의 색깔"이고 "동경을 일깨우는"[11] 색깔이라는 문장

정선, 〈우천〉, 1741

을 본 적 있는데, 정선의 이 그림 속 '푸른 산'을 보니 과연 무슨 말인지 알 듯도 하다. 바다의 빛이자 하늘의 빛, 그래서 지구의 빛이기도 한 푸른빛은 아스라한 빛이다. 〈우천〉의 원경에 아스라이 보이는 푸른 산은 우리의 시원, 우리의 고향, 우리의 어머니다.

근경의 산과 원경의 산을 중첩하는 화면 구조는 동아시아 전통 산수화의 기본 문법이기도 하다. 2018년 미국 보스턴 미술관은 중국 청대 화가 왕휘王翬(1632~1717)가 그린 두루마리 작품 〈장강만리도長江萬里圖〉(1699)를 어느 중국인 소장가에게 기증 받았는데, 이 작품에서도 같은 문법을 쉽게 볼 수 있다. 길이가 무려 16미터가 넘는 이 대작을 보노라면 겸재 정선의 한강 프로젝트가 실은 이 작품을 염두에 둔 게 아닐까 싶을 정도로 창작 의도가 비슷해 보여 흥미롭다. 강을 끼

왕휘, 〈장강만리도〉 부분, 1699

왕휘, 〈장강만리도〉 부분, 1699

왕휘, 〈장강만리도〉 부분, 1699

고 들어선 산과 그 뒤편의 푸른 산과 집들까지, 사물 배치의 기본 구도가 크게 다르지 않다.

하지만 정선보다는 왕휘의 기획이 좀 더 야심 차서, 〈장강만리도〉에는 대자연의 웅혼한 기상을 화폭에 담으려는 뜻이 살뜰히 비친다. 이 작품에서 산은 높고 견고하고 강건하고 현세 초월적이다. 또한 그저 하나의 산이 아니라 무궁하고 무진한 대자연의 상징체인 산이다. 이 상징의 정점은 맨 뒤편에 보이는 푸른 산이다.

이러한 방식의 화면 처리, 그 배면에는 대자연(천지)과 인간의 합일을 이상으로 삼았던 정신이 있었다. 현세 초월적인 느낌으로 다가오는 산의 이미지는 속세에 연연하지 않는 방달한 인간의 기상을 표상했다(그리고 바로 이것이 목적이었기에 동아시아 전통 산수화에는 인간 외에 다른 동물이 그다지 많이 등장하지 않았다). 조금 달리 생각해보면, 이러한 기상에 무관심한 감상자에게 〈장강만리도〉 같은 옛 그림 속 산은 거의 아무런 가치도 없는 것이 되고 만다. 이런 비밀이 동아시아 전통 산수화에는 숨어 있다.

3

하기야 서울과 속초를 또는 부산을 잇는 고속도로 예정지에 있는 산이란 산마다 예사로이 터널을 뚫었던 전후戰後 세대들이자(누가 2002년 ~06년의 천성산 터널 공사 논란을 아직껏 기억하고 있을까? 누가 2000개에 육박

하는 전국 도로 터널이 하나의 사회적 문제라고 생각하고 있을까?) 현세 초월적이며 자연 합일적인 저 옛 이상을 중시하지도 않는 오늘의 우리에게, 이 같은 산의 의미론이 대체 무슨 의미가 있을까?

하지만 내 안에 있는 이러한 자기 비하의 심리를 질타하는 작품들이 있음을 나는 또 알고 있다. 내 눈에 민정기의 최근작들은 이 땅이 아직도 산마을임을, 오늘의 우리가 여전히 산마을 사람임을 기억하라는 일침一針으로 보인다. 가령 〈수암동 풍경〉(2011) 같은 작품을 보라. 산림을 침범한 터널과 송전탑은 오늘의 모습 그대로이나, 화면 오른쪽 아래에 보이는 산양인지 사슴인지 모를 동물은 이곳이 망조 든 곳은 아니라고 말해준다. 한편, 겸재 정선의 〈청풍계〉의 구도를 연상시키는 〈벽세청풍 2〉(2019)에서 우리의 눈은 겸재 시대의 산과 고옥古屋과 양옥 주택이 마치 계곡물이 흘러가듯 자연스러운 흐름으로 이어져 있는

민정기, 〈벽세청풍 2〉, 2019

민정기, 〈청풍계 1〉, 2019

오늘의 풍경에 부딪힌다. 〈청풍계 1〉은 어떤가? 역시 서울의 한 풍경을 포착하고 있는 이 그림은 역사의 부침에 아랑곳없이 제 자리를 꿋꿋이 지키며 산 아랫동네 사람들에게 드넓은 시간의 지평을 알려주는 의연한 자태의 북한산을 포착하고 있다. 이 그림들이 보여주듯, 우리의 '뒷배'인 산은 어디 간 적이 결코 없다. 우리가 이런 사실을 외면하며 고릿적부터 내려온 산의 의미론을 함부로 폐기했을 뿐.

이것만이 아니다. 2019년 어느 날 나는 나 자신의 자기 비하(또

173

는 한국 비하)를 거두라는, 산을 함부로 대하지 않는 마음이 잘난 너만의
것이 아니라 우리 모두의 것이라는, 환경부(원주지방환경청)의 설악산
오색 케이블카 사업 '부동의' 결정을 듣기도 했다. 그렇다. 그간 우리는
어쩌면 '아주 잠시' 어둠 속에 잠겨 있었을 뿐인지도 모른다. 산마을 사
람들의 풍속이야 모르겠으나 그들의 정신까지 무덤에 매장된 것도 아
닐 것이다. 나는 그렇게 믿으련다.

인류의 성벽, 숲이 사라진다

· 에로 야르네펠트, 커리어 앤드 이브스

1

소녀가 우리를 보고 있다. 가만 바라보는 것이 아니라 빤히 바라보고 있다. 어쩐지 경계하는 듯한 눈빛, 헝클어진 머리, 까맣게 그을린 얼굴, 찢기고 낡은 옷, 손에 들고 있는 나뭇가지— 이 모든 표상은 이 소녀가 아동노동의 주인공임을 여실히 말해주고 있다. 소녀는 어떤 노동을 하고 있을까? 한쪽에서 화염이 거칠게 일고 있는데, 가만 보니 불을 끄는 것이 아니라 되레 지피고 있다. 멀리, 하늘과 맞닿은 지평선 아래로는 광활한 숲이 드넓은 공간에 웅크리고 있다.

    핀란드 화가 에로 야르네펠트Eero Järnefelt(1863~1937)가 그린 이 그림 〈덤불 태우기Burning the Brushwood〉(1893)에서 우리는 핀란드인들의 풍속을 만난다. 숲을 태워 농지를 만드는 풍속 말이다. 이것을 우리는 '화전火田'이라고 불렀다. 살아가기란 이렇게나 고된 것이다—화가는 실제로 핀란드의 화전 현장 어딘가 있었을 소녀의 이미지

에로 야르네펠트, 〈덤불 태우기〉, 1893

커리어 앤드 이브스, 〈시카고 대화재〉, 1871

커리어 앤드 이브스, 〈시카고 대화재〉, 1871

를 빌려 이렇게 말하는 듯하다.

　화재 현장을 보여주는 또 다른 그림으로 시선을 돌려보자. 20세기 초까지 미국 뉴욕에서 활동한 판화 회사 커리어 앤드 이브스Currier & Ives 작 〈시카고 대화재The Great Fire Of Chicago〉(1871)라는 일련의 작품들이다. 이 화폭의 공간에서 우리는 무시무시한 화마火魔를 본다. 물이 지배권을 행사하는 권역이 아니라면 어디든 집어삼키려 하는 가공할 기세의 불이, 불의 마귀가 세상의 목을 지금 움켜쥐고 있다. 야르네펠트의 불은 사람이 철저히 관리하는 불이다. 반면, 커리어 앤드 이브스의 불은 인간의 의지와 능력을 벗어나 자유롭게 활개 치는 불, 인간을 압도하고 위협하는 불, 즉 자연력으로서의 불이다.

2

그렇다면 2019년 여름 몇 주 동안 계속되었던 아마존 열대림의 화재는 어떤 쪽일까? 어느 기사에는 '인페르노inferno'라는 용어까지 등장했지만, 자연력에 의해 발생한 재해는 아닐 것이다. '스스로 불타오른(自然)' 산불이 아니라 '숲 태우기'라는 관행으로 시작된 불이기 때문이다. 2019년 한 해 동안 브라질에서만 무려 8만 건이 넘는 '숲 불'이 목격되었다고 하니, 이 사태는 필시 지역민들이 일부러 놓은 불에서 촉발되어 확산한 것이다.

　〈덤불 태우기〉에 포착된 핀란드 촌부들이 그러했듯, 아마존 지역의 소농들은 먹고 살려고 숲에 불을 놓고 있다. 콩 농사 짓고 소 기르려고, 늘 하던 '숲 청소'를 하고 있는 것이다. 그래서 이들은 항변한다. 늘 하던 일을 할 뿐인데, 왜들 호들갑이냐고.

그러나 이들이 간과한 것이 있다. 과거와 비교해 훨씬 더 건조해진 대기라는 새로운 기후 조건 말이다. 충분히 통제할 수 있다고 가정하고 놓은 불은 전례 없이 메마른 대기 속에서 통제를 벗어나는 화염으로 이어졌고, 이것이 문제를 키웠다. 야르네펠트의 불이 커리어 앤드 이브스의 불로 옮겨 붙은 것이다.

환경 과학자들과 환경 운동가들은 현 사태를 안타까운 심정으로 예의 주시하고 있다. 탄소 저장고인 숲에서 탄소가 빠져나가면서 기후변화를 악화하고 있고, 아마존 지역 물 순환계의 중추가 손상되고 있기 때문이다. 지구온난화 효과를 상쇄하는 능력에서 가장 뛰어난 숲은 아마존 숲과 같은 열대우림인데, 지금 우리는 '우리의 대표 탄소 일꾼들'을 대거 잃어버리고 있는 셈이다.

보이지 않는 것이 보이는 것을, 당연시되는 것이 당연시되지 않는 것을 지탱하고 보호하는 세계에서 우리는 살아가고 있고, 말할 것도 없이 지구상의 숲은 전자에 속한다. 숲은 지구의 탄소와 산소와 질소와 물을 움직이고 있고, 노트북과 휴대전화, 자동차를 사용하며 우리가 도시에서 살 수 있는 것도 이러한 순환계들이 보호막이 되어주기 때문이다. 지금 우리의 보호막, 우리의 성벽이 아마존 일대에서 사라지고 있다.

3

약 15만 년 전 출현한 이래, 아니 약 3만 년 전 세계 각지에서 살았던 시절 이래 또는 약 1만 2000년 전 시작된 정착 생활 이래, 현생 인류는 언제나 숲이나 숲 언저리에서 숲의 생산물(임산물)을 이용하며 살았다. 심지어 현생 인류의 먼 조상이 처음 직립보행을 실험했던 현장도 숲과 그 언저리였다. 최소 3억 8000만 년 전부터 지구에 있었다고 추정되는 바로 그 숲속에서 우리의 먼 조상들의 삶이 시작되었다.

세월이 한참 흘러, 수천 년 전 숲 지대에서 다소 떨어진 곳에 초기 도시가 건설되었을 때조차도 임산물은 늘 도시로 공급되어, 도시의 삶을 지탱했다. 산업혁명을 거치면서 목재 연료를 석탄, 석유 같은 화석연료로 대체했던 19세기와 20세기에도 이러한 삶의 문법은 크게 달라지지 않아서, 세계의 여러 숲에서 나오는 목재(건축재, 선박재, 가구재 등), 고무, 각종 의약품과 식료품의 원료들이 지금 이 시간에도 세계 도처의 도시들로 공급되고 있다. 스위스 생태학자 자부리 가줄Jaboury Ghazoul은《숲》에서 숲이 오늘의 우리 인간의 삶과 어떻게 얽혀 있는지 이렇게 서술한다.

전 세계에서 약 15억 명의 사람들이 이런저런 방식으로 다양한 숲 자원에 의존해 살아간다. 그리고 또 다른 수백만 명이 숲이 우거진 지역에서 자라거나 유래하는 커피, 고무, 코코아 같은 제품들을 경작한다. 세계 모든 사람들이 기후 조절과 물 순환에서부터 토양 자원의 보호,

훔바바를 죽이는
길가메시와 엔키두.
작자 미상, 기원전 10세기경,
시리아 북부 지역에서 발굴

위험으로부터의 보호뿐 아니라, 다양한 생물들의 거처와 오락, 미적-
영적인 필요에 이르기까지, 숲이 제공하는 많은 환경 서비스에 의존
한다.[12]

가줄은 현실을 정확히 짚어내고 있지만, 엄밀히 말해, 인용된
첫 문장에서 "숲 자원에 의존해" 살아가는 사람들은 약 15억 명에 한정
되지 않는다. 오늘날 커피, 코코아, 목재, 고무 소비자는 고소득 국가들
의 중산층만이 아니라 세계 전체의 중산층이 아니던가. 저 브라질 아

마존의 산(림)불은 약 15억 명에 속할 브라질 사람들의 생계와 직결되지만, 숲 태우기로 확보한 브라질의 농지에서 나오는 농산물은 세계 각지로 수송되지 않던가.

아마도 우리 인류는 그 어떤 기술적 도약을 이루더라도 임산물 없이는 살아갈 수 없을 것이다. 그러나 숲 생태계를 얼마만큼 침범해 얼마만큼 임산물을 획득해야 하는 걸까? 얼마만큼 숲을 보호하고 얼마만큼 숲을 활용해야 할까? 기원전 2600년경에 기록된 《길가메시 서사시》에서 우리는 바로 이 궁극적인 질문에 관한 명상을 발견한다. 서사시의 주인공인 길가메시와 엔키두는 삼나무 숲에 찾아가 이 숲의 신인 훔바바를 함께 죽이는 데 성공한다. 훔바바를 살해한 둘은 그러나 삼나무 숲의 일부를 취할 뿐, 숲을 다 없애지는 않는다. 그들이 보기에, 삼나무 숲은 신들이 사는 고결하고 아름다운 곳이었기 때문이다.

길가메시와 엔키두가 했던 이 모호한 선택은 숲에 대해 고대인이 가졌던 경외감과 지배욕, 보전욕과 통제욕, 이 길항하는 두 감정을 드러낸다. 그리고 그들의 모호한 선택은 같은 양가감정 속에서 살았던 후대 인간의 모호한 선택으로 곧장 이어졌다. 그러나 생각해보면, 역사의 어느 시점에서 두 감정 가운데 한쪽이 우세 감정이 되기 시작했다. 지배욕과 통제욕이 경외감과 보전욕을 압도하는 시대가 개막한 것이다.

어떤 여행자 동물은 지구를 알려준다

• 로버트 와일랜드

1

1997년, 미국에서 발행되는 저널 《라이프》지가 지난 1000년의 인류사를 만들어낸 위인 100명을 선정해 실었다. 여행가 가운데 여기에 속한 이는 단 둘뿐이었는데, 마르코 폴로Marco Polo(1254~1324)와 이븐 바투타Ibn Battuta(1304~68, 현 모로코 왕국 탕헤르 출생)가 그들이다. 바투타가 누구던가? 무려 30년간 아시아, 유럽, 아프리카 3대륙을 여행했던, 인류사에 길이 남을 순례자이자 탐험가가 아니던가.

여행가나 탐험가 중에서는 타 지역 사람, 문화, 풍속이 아니라 대자연에 끌려 여장을 꾸린 이들도 적지 않았다. 수심이 무려 10킬로미터가 넘는 마리아나 해구, 그 컴컴한 심해에 들어갔던 자크 피카르Jacques Piccard, 남극 대륙을 탐험하고 펭귄의 알을 가져왔던 앱슬리 체리 개러드Apsley Cherry Garrard, 망망대해를 혈혈단신으로 가로질렀던 세라 아우튼Sarah Outen — 이 행성의 풍경을 온몸으로 느껴보려고 떠났던 수많은 이들을 대표하는 이름들이다.

2

그러나 여행은 인간의 전유물이 아니다. 다른 동물들도 사는 동안 자주 여행길에 오른다. 물론 이들에게 여행이란 '여행하는 삶'이거나 '삶을 위한 여행'일 것이다. 하지만 곰곰 따져보면 인간에게도 여행이란 그와 비슷한 것이 아니던가?

많은 동물이 서식지를 옮겨가며 '노마드 애니멀nomad animal'로 살아가는데, 그중에서도 내 관심을 끄는 이들은 장거리 여행을 하는, 그래서 지구의 물리적 크기를 가늠케 해주는 녀석들이다. 물론 이들의 입장에서야 사는 데 필요해서 오갈 뿐이겠지만, 어찌 되었든 지구라는 '큰물'에서 노는 동물들임에는 틀림이 없고, 거의 섬이나 진배없는 소국小國에 갇혀 사는 나 자신의 옹색한 처지를 이들의 삶에 비추어보면 탄식을 금할 수 없는 것이 사실이다. 그러니 더욱더 '큰물'에서 노는 저 장거리 여행 동물에게 관심이 쏠릴 수밖에.

5000년 가까이 산 캘리포니아의 어떤 나무는 '지구의 시간'을 살아가지만, 지구에 난 길을 5만 리 넘게(약 2만 킬로미터 가까이) 오가는 어떤 동물들은 '지구의 공간'을 살아간다. 이들은 실존 자체가 장쾌하다. 이들을 따라가면 지구라는 '집' 전체를 볼 수 있는데, 바다 동물로는 혹등고래가 대표적이다.

혹등고래는 최장 거리를 여행하는 바다 동물은 아니다. 기록 보유자는 따로 있는데, 북동 태평양 쪽 귀신고래(영어로는 Gray Whale, 즉 회색고래)가 주인공이다(귀신고래는 크게 두 개의 개체군으로, 즉 북동 태평양 개체군과 북서 태평양 개체군으로 분류되며, 동아시아 사람들은 후자를 관찰할 수 있다). 이 귀신고래들은 여름철 북쪽 끝 알래스카 쪽에서 살다가 날이 쌀쌀해지면 따뜻한 남쪽 바다인 멕시코 인근 바다로 내려가 출산하고 다음 세대를 길러낸다. 몇 년 전, 이들이 오가는 거리가 2만 2000킬로미터가 넘는 것으로 확인되면서 기록 보유자로 등극했다.

그러나 우리에게 지구의 바다를 상상하도록 자극하는 동물은 귀신고래보다는 혹등고래인데, 바다 전역에서 거주하는 데다 북반구와 남반구 양쪽에서 여행하며 살아가기 때문이다. 머리에 혹이 있어 혹등고래라 불리게 된 이 녀석들은, 가만 들여다보면 매력덩어리다. 피부는 대개 검푸른 빛이어서 바다라는 배경에 썩 잘 어울리는 풍모인 데다 '고래 뛰기Breaching' 같은 퍼포먼스에도 능하다. 관찰 기록에 따르면 200회를 계속 뛰기도 한다니 내게는 이들이 뛰어오르는 모습을 보는 일이 '버킷 리스트'에 속한다. 이것만이 아니다. 혹등고래 수컷이 짝을 유혹할 때 부르는 노랫가락은 실로 오묘해 동물이 부르는 노래 가운데 형식이 가장 복잡한 것으로 알려져 있다.

약 7억 년 전부터 지금까지, 지구에 출현한 가장 신비한 동물을 꼽으라면 누구를 꼽을 수 있을까? 실존 자체가 곧 지구의 신비를 여실히 보여주는 동물. 함부로 말하기 어렵지만, 최다 득표 그룹에는 고래가 포함되지 않을까? 그중에서도 나는 혹등고래를 꼽고 싶다.

혹등고래들은 다른 고래들에게는 없는 기관을 하나 거느리고 있다. 바다의 물길을 저어가는 거대한 노. 5미터 가까이 되는 가슴지느러미다. 녀석들의 노마드적 기질을 바로 이 상징적 기관이 넌지시 일러준다.

가을이 깃들면 육지에 사는 활엽수들은 잎을 떨구고 겨울눈을 준비하지만 바닷속 혹등고래들은 긴 가슴지느러미에게 일을 시킨다. 여름철 잘 지내던 남극 또는 북극의 바다를 떠나 더 따뜻한 바다를 찾아 열대 지역 바다로 이동하기 시작하는 것이다. 이유는 하나, 온화한 바다 환경이 출산과 양육에 적합하기 때문이다. 겨울철에 이들은 여기서 새끼를 낳고 기르면서 한 시절 잘 지내다가 봄이 찾아들면 새 생명과 함께 다시금 남극이나 북극 쪽을 향해 길을 떠난다.

3

고래의 신비는 과학이 풀어주지만, 그렇다고 신비하다는 느낌마저 사라지는 것은 아니다. 이것은 결코 나쁜 것이 아니다. 과학이 속 시원히 의문점을 해결해준다 해도 남아 있는 신비한 느낌을 우리는 소중히 다룰 줄 알아야 한다. 생명과 생물의 신비를 이해 가능한 것으로 매개해주는 과학과 그 신비를 그대로 드러내고 보전해주는 예술, 이 둘이 상충하고 모순되는 것으로 이해되어서는 안 된다.

고래에 관한 한, 꼭 알아야 하는 예술가가 있다. 1981년부터

로버트 와일랜드, 뉴욕 나이아가라 아쿠아리움에 설치한 81번째 벽화 〈대서양 혹등고래〉

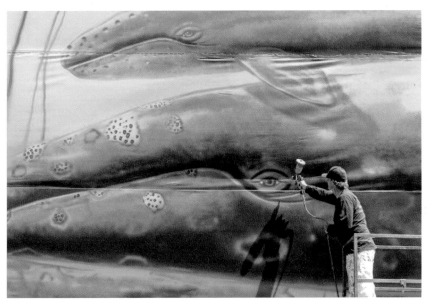

2019년 로버트 와일랜드가 자신의 첫 고래 벽화에 다시 작업을 하는 모습

2008년까지 17개국 79개 도시에 무려 100점의 고래 벽화를 그려 설치한 로버트 와일랜드Robert Wyland가 그 주인공이다. 100번째 벽화는 2008년 베이징 올림픽을 기념해 여러 중국 예술가들과 3000명이 넘는 중국 어린이들과 공동으로 제작했는데, 진정한 공공미술 사례일 것이다.

미국 뉴욕주 나이아가라 아쿠아리움에 설치된 와일랜드의 81번째 작품은 실제 크기의 대서양 혹등고래를 보여준다. 겨우내 쿠바 근해에 살다 새 식구를 얻고는 따뜻한 봄이 오자 아이슬란드 쪽을 향해 여행길에 나선 어느 혹등고래 모녀. 북쪽으로 향하는 이들의 바닷길 여정을, 이 여정을 감싸고 있는 지구라는 '단 하나뿐인 우리의 집'을 나는 잠시 눈을 뜬 채로 상상해본다. 지구에는 없는 기이한 목관 악기에서 나는 소리와 같은 소리를 내며 새 집을 찾아가는 한 쌍의 식구. 아마 지금쯤 (늦가을 이 글을 쓰고 있으니) 내 상상 속 모녀는 따뜻한 남녘 바다를 찾아 다시 여행길에 올랐을 것이다.

우리가 모르는 지구의 보물, 새들은 안다

• 김재환

1

대한민국 임시정부 2대 대통령을 지낸 백암 박은식은 《한국통사》의 첫머리에서 조선의 지리를 다룬다. 지리만 두고 보면 "조선은 동아시아의 이탈리아"라고 서슴없이 말하는데, 조국 산천의 아름다움에 대해 그가 느낀 자부심이 얼마나 컸는지 짐작해볼 수 있는 대목이다. 하지만 박은식은 이탈리아와 비교해 이 나라가 단연 월등하다고 할 만한 한 가지 지리생태 요소에 관해서는 쓰고 있지 않다. 1910년대 중국 땅에서 망국의 한을 품고 한국사 원고를 집필하던 박은식에게, 다른 민족에게 내주고 만 모국 땅은 육신의 고향을 넘어 영혼의 고향이었을 것이다. 찾아가 만나야 하는 어머니와 고향이라는 이데아는 바로 조선 땅에 있었다. 그런 그가, 모성의 느낌으로 다가오는 서해와 갯벌을 주목하지 않은 것은, 적이 안타까운 일이다.

20세기가 저물 무렵, 박은식의 이 공백을 글로 채워 《한국통사》

189

의 지리 편을 반절이나마 완성한 이가 있으니, 작가 김훈이다. 당시 자전거를 끌고 한반도 남쪽 구석구석을 누빈 그의 눈은 과연 남 달랐다.

서해는 조국의 여성성이다. 달에 이끌리는 서해는 발해만 깊숙이까지 가득 차올라 산둥반도와 랴오둥반도를 적시고, 한반도 서쪽 연안에 넘친다.

(달은 서해를 깊이 당겼다가 놓는데, 그래서)
서해는 깊이 밀고 멀리 썬다.[13]

이런 '밀당'의 과정에서 저절로 태어나고 자란 드넓은 개흙 땅. 때로는 바다의 품에 안기지만, 때로는 육지라는 집으로 돌아가는 하이브리드 대지. 무려 700종이 넘는 생물의 보금자리이기도 한, 넓고 길게 뻗은 이 축축한 지구의 표면은 우리가 잘 알지 못하는, 귀하디 귀한 우리의 보물이다. 그러나 이 땅은 한국의 보물인 동시에 지구의 보물이다. 2019년 1월 문화재청은 서천, 고창, 신안 갯벌 등을 '한국의 갯벌Getbol, Korean Tidal Flat'이라는 이름으로 묶어 유네스코에 세계유산 등재 신청서를 제출했다. 이제라도 갯벌의 세계적 가치를 우리 스스로 알아봤으니, 얼마나 다행한 일인가. 그리고 그 결과 2021년 7월 26일 '한국의 갯벌'은 제44차 세계유산위원회WHC 회의에서 유네스코 세계자연유산으로 공식 등재되기에 이른다. 얼마나 기쁜 소식인가.

2

타지에서 박은식이 그리워하던 조선의 서해안이고, 훗날 서해안 만경강 하구를 박은식 대신(그는 1925년 상하이에서 서거했다) 걸으며 김훈이 눈으로 보듬었던 '우리'의 갯벌이지만, 나그네새들에게 이곳은 한국 땅이 아니다. 그저 지구 안에 있는 자기네 땅일 뿐이다. 봄과 가을이면 이 여행자 새들은 뉴질랜드 땅끝이나 러시아 땅끝 같은 데서 출발해 어김없이 이 땅에 도착한다. 이들의 도래와 함께, 서남해안의 갯벌과 염전, 내륙의 저수지와 논, 호수와 강가 같은 습지 일원은 한국 땅인 그 상태로 지구 안의 땅이라는 자기의 실체를 드러낸다. 이들 덕에 이 땅들은 잠시간 '잠재적, 실제적 국토 개발 대상지'의 지위를 벗어나 지구 안의 습지로 복원된다.

이 땅에 사는 사람도 덩달아 은덕을 입는다. 철새는 우리의 상상력을 한국 사회나 인류 사회의 지평 너머로, 지구와 우주의 지평으로 확장해주는 강력한 시각 자료여서 지금 우리가 한국만이 아니라 지구라는 우주선에도 실려 살아가고 있음을, 이 사계의 전령들 덕에 우리는 겨우 알아채는 것이다.

그러나 이것은 '의도하지 않은 결과'일 뿐이다. 태평양을 건너야 하는 나그네새들로서는 이 땅이 최적의 기착지이기에 잠시 내려올 따름이다. 바다를 건너기 직전이나 직후에 만나는 최후 또는 최초의 땅인 데다 먹을거리가 지천이니 그들로서는 최상의 기착지일 것이다. 바다라는 사막 안의 오아시스. 습지라는 작은 숨구멍.

정말 그런 걸까? 데이터는 우리의 느낌이 옳다고 말해준다. 이 땅에서 기록된 조류 중 90퍼센트가 텃새 아닌 철새로 밝혀졌다. 충남 서천의 자그마한 섬을 관찰한 결과, 그 섬을 방문하는 조류 개체 수만 연간 39만 마리가 넘는 것으로 확인됐다. 나그네새와 이 땅 사이에 오가는 애정이 이렇듯 자별하다.

3

서해의 갯벌을 찾아드는 수만 마리의 도요새 무리들의 비행은 장엄하다. 이들은 뭉쳤다 펼치며 시시각각 거대한 동물이나 산, 타원형 같은 모양을 짓다가는 허물고, 허물다가는 짓는다. 새를 사랑하는 화가 김재환은 어느 해 봄, 경기도 화성의 농섬 위를 날고 있는 도요새 무리를 화폭에 옮겨 이 장엄함을 상상케 해준다(이 그림은 그의 탐조 일기인 《새를 기다리는 사람》에 실려 있다). 서로 말을 주고받기 위해 충분히 가까이서 움직이면서도 충돌하는 법이 전무한 청어 떼처럼, 그림 속 도요 떼도 여럿이 같은 길을 열어가면서도 집단 내부에 악다구니가 전연 없는 협동의 진풍경을 펼쳐 보인다.

　　길게는 수만 킬로미터라는 철새들의 비행 거리는 이들이 높은 지능을 지닌 이들임을 시사한다. 이들의 비행에는 "지각, 주의, 거리 계산, 공간 관계 파악, 의사 결정 등 여러 인지 능력"이 필요하며, 이런 능력을 갖춘 이들은 방향을 잡는 과정에서 "지형, 태양, 자기장"을 이용한

김재환이 그린 붉은어깨도요 무리

다. 또한 이들은 공중에서 긴밀히 협력하며 개별자를 안배하는데, 낙오자를 사전에 방지하려는 치밀한 행동이다.[14]

화가 김재환이 농섬 근처에서 목격한 도요새는 붉은어깨도요 Great Knot들인데, 이들은 동아시아-대양주 철새이동경로EAAF, East Asian-Australasian Flyway(한반도는 이 경로의 일부이다)를 오가며 살아간다. 이 녀석들은 무슨 조화인지 서해안의 특정 지역을 선호한다. "100킬로미터에 달하는 해안선 전체가 갯벌"인 데다 "폭 20킬로미터가 넘는 갯벌"[15]도 있는 만경강, 동진강 하구의 망망한 갯벌도 그 일부인데, 공교롭게도 이곳은 새만금 개발 대상지였다.

4

만경강, 동진강 하구와 서해를 잇는 오래된 자연의 연결선을 끊으며 땅에 울타리를 치고, 수천 년간 달과 서해가 빚어낸 저서생물들의 삶터에서 생명의 기운을 제거하는, 실로 그로테스크하기 이를 데 없는 대형 사업이 진행되는 동안, 붉은어깨도요들은 급감했다. 오스트레일리아 조류학자들에 따르면, 새만금 공사 개시 후 붉은어깨도요의 개체수는 무려 10만 마리나 줄어들었다. 그리고 2010년, 국제자연보전연맹IUCN은 이 새를 취약VU, Vulnerable 등급으로 구분하기에 이른다. 한때 붉은어깨도요의 낙원이던 땅은 이제는 이들의 실낙원이 되었다.

철새의 실낙원이냐 낙원이냐. 생명 학살이냐 보호냐. 커먼스의 인클로저냐 커먼스의 보전이냐. 단기적 개발 이익이냐 (생태계 보호를 통한) 장기적 경제 이익이냐. 한국의 세계 웅비냐, 남 부끄럽지 않은 한국이냐. 이 두 가지 정신의 힘들이 대립하는 생태 전쟁의 몰풍경 안쪽으로, 지구에서 가장 길고 추악한 어느 방조제 언저리로, 올해도 도요새들이 날아들었다.

붉은어깨도요와 새만금

붉은어깨도요와 새만금 개발 간 충돌 사례는 특이 사례가 아니다. 물길을 차단하여(干) 갯벌을 당장 써먹을 수 있는 땅으로 만드는(拓) 간척干拓 사업은 갯벌을 삶터로 알고 살아온 철새들의 삶이라는 사업과 이 땅에서 줄곧 충돌해왔다. 일례로 영종도와 용유도 사이에 있던 넓은 갯벌을 극성스럽게 '밀어버리고' 인천국제공항을 건설했을 때도 무수한 철새들이 기착지를 잃어버렸다. 경제성장과 편리성의 증폭이라는 '빛나는' 역사의 배면에는 이렇듯 철새 축출이라는 '어두운' 역사적 사건이 숨어 있다. 바꿔 말해, 간척 사업이 본격화된 1960년대부터 한반도 남쪽에서는 갯벌 생태계의 보존과 파괴를 둘러싼 일종의 생태 전쟁이 끊이지 않았다.

새만금 개발 사업은 1987년부터 계획되었지만 30년이 넘은 시점까지도 여전히 '계획 단계'에 머물러 있는 희대의 국토 개발 실패작이다. 여의도 면적의 140배에 이르는 광대한 갯벌(면적 409제곱킬로미터)에서 생명력을 천천히 뽑아내고, 그렇게 조성된 죽음의 땅 위에 농지와 산업-관광 시설을 짓겠다는 인류 최대 그로테스크 상상 기획. 지난 2009년, 서해와 하구의 물길을 막는 '물막이 공사'가 완료되어 세상에 위용을 드러낸 방조제는 세계 최장 길이로 34킬로미터에 이른다. 김택근 시인의 표현 그대로 세계에서 "가장 긴

학살의 둑"이다.

개발 사업을 뚝심 있게 밀어붙이는 것만 두고 보면 독재 정부와 민주 정부가, 이명박근혜 정부와 촛불 정부가 다르지 않아서, 문재인 정부는 2019년 11월 27일 '새만금 개발 공사 주요 사업 계획'을 확정했다. '스마트 수변 도시'를 만들겠다는 말이 요란하고, 그린에너지와 신산업의 허브를 조성하겠다는 계획이 반지르르한데, 수천 년간 조형된 생명의 땅을 수년 만에 죽음의 땅으로 변질시키려는 이 계획의 반생태성, 반미래성에 대한 자성의 목소리는 거의 듣기 어렵다. 이런 나라가 '세계 철새의 날'을 기념한다며 국제철새 심포지엄을 개최하고, 군산의 갯벌은 무참히 죽이면서 바로 위 서천의 갯벌은 세계문화유산이라며 자랑하고 있으니, 외계 생명이 지구인의 심리와 행태를 분석한다 할 때 필시 "알 수 없음"이라고 결론 낼 지구 구성원들이 바로 이곳에 있다. 이제라도 개발 사업을 생태계 복원 사업으로 변경해 '오래된 정신 분열'을 끝내야 하지 않을까. 이제라도 '지속가능성'이라는 단어를 의미 있는 단어로 진지하게 받아들여야 하지 않을까.

제비들의 귀환

• 찰스 터니클리프

1

사회와 자연이 둘이 아니듯, 풍경과 영혼도 둘로 나누긴 어렵다. 어느 영혼의 시선은 풍경을 파고들거나 풍경에 잠기고, 그런 풍경은 응시와 기억을 통해 영혼 안에 뙤리를 튼다. 어느 영혼의 지하 저장고에 거하는 이 풍경은 풍경 그 자체가 아니라 특정 형식으로 심상화된 풍경으로, 그 영혼의 여정에 은밀히 동행한다.

사태가 이러함을 그 영혼에게 문득 일깨워주는 것은 비슷한 느낌으로 다가오는 풍경이기도 하지만, 때론 예술작품이기도 하다. 누구도 의도하지는 않았지만, 우리는 어떤 예술작품 앞에서 영혼 깊은 곳에 있던 어떤 애틋한 심상을 만나기도 하는 것이다. 어느 영혼의 여정을 따라다니는 그것은 그 영혼에게는 절대 없어서는 안 될 삶의 동반자일 것이다.

어릴 적 내가 보았던 작고 노란 존재, 비가 오지 않으면 마당 여기저기를 분주하게 무리 지어 돌아다니던, 위를 못 보고 언제나 아래를 보던 조무래기들. 국어 사전은 그것들을 병아리라고 했다. 그들에게서 내가 있는 쪽으로 시선을 옮기면, 마루와 댓돌 사이 컴컴한 지하 세계에 땡 보직의 경비원, 누렁이가 어김 없이 누워 있었다. 그리고 발치에서 머리 위쪽으로 눈을 천천히 옮기면, 빗방울이 떨어지고 고드름이 얼곤 하던 처마가 거기 언제나 있었고, 처마 밑엔 어김없이 또 '그것'이 있었다.

때론 비어 있고, 때론 주인이 있던 제비의 흙집. 그것은 흙과 흙의 만남, 집과 집의 사귐이었고, 사람과 제비 사이에, 사람과 사람 아닌 자연 사이에 흐르던 친교의 상징이었다. 올해도 제비가 이곳에 제 집을 짓고 산다는 건, 곧 이 집에 사는 사람의 삶도 평탄하리라는 소중한 암시였다.

2

어린 내 눈에는, 제비는 병아리만큼이나 바쁜 동물이었다. 그러나 병아리들과 비교하면 세계를 마주하는 이들의 시야는 드넓었다. 더욱이 집과 새끼를 돌보느라 펼치는 그들의 깃 그리고 깃 짓에는 어딘지 반듯하고 힘찬 기운이 흥건했다. 움직임에는 주저함 대신 엽렵함이 있었고, 자식을 대하는 태도에는 날 섬이 아니라 애틋함이 넘쳤다.

물론 사람이 자신들을 내치지 않기 때문이겠지만, 제비들은 어떤 동물들을 일종의 '노예(노비)'로 거느리며 사는 무서운 동물인 사람을 그다지 두려워하지도 않았다. 계절을 따르는 노동자인 농부들은 계절 소식을 물어다 주는 제비가 반가웠고, 제비는 그늘막이 있는 그네들의 집과 집의 흙벽이며, 먹을거리(주로는 나는 곤충들)가 풍족한 그네들의 마을이 마음에 찼다. 기온이 내려가고 곤충들이 사라지면, 제비들은 굶주림을 피해 남쪽으로 내려갔는데, 석별의 정을 느낀 쪽은 사람들이었다. 그것은 공생이되, 얼마간의 오해와 짝사랑 위에 성립한 공생이었다.

철새들의 기착지인 한반도에서 형성된 이런 동물 간 친교는 〈흥부전〉 같은 구전설화에 잘 새겨져 있지만, 구전민요에서도 우리는 그 흔적을 수월히 찾아낸다.

머리개

개 빗구서

고둑배기 산야물에

올채범벅 개가지구

웅마이마장 가잣구나

붓조박을 얻으러

옛집에를 갔다가

부뚜막에 콩 한 알

흘렀기로 먹었드니

비리기두 비리다

지리기두 지리다

　—신천 지방 민요

　이 민요에서 화자는 제비다. 먹을거리 찾아 이리저리 인간의 마을을 쏘다니는 어느 입담 좋은 제비. 또 다른 재미난 민요는 제비의 언어가 아니라 인간의 언어를 쏟아낸다.

젬아 젬아 둥지를 마사라

오늘 저녁에 고양이 올라가

네 새끼 다 잡아먹는다

　—성율 지방 민요

3

제비와 함께한 이 땅의 생활감정은 이렇게 다감했다. 그럼에도 외국인들에게 꺼낼 만한 당당한 제비 그림이 전해지지 않는다는 사실은 야속하다기보다 차라리 기이하다. 조속趙涑(1595~1668)이나 허백련許百鍊(1891~1976) 같은 분들이 남긴 가작들이 전해지고 있으나, 지나치게 추상적이거나 조촐하다는 느낌을 지워내기 어렵다. 내 안 깊은 곳에서 잠들어 있던, 어린 날 보았던 제비들의 심상을 깨워내 내가 제비와 함께, 철새들의 기착지에서 자랐다는 역사적 사실을 내게 새삼 환기해주는 것은 조속도, 허백런도 아니고, 20세기 영국 화가 찰스 터니클리프 Charles Tunnicliffe(1901~79)의 작품이다.

이곳에서 1만 2000킬로미터가 넘게 떨어져 있는 지구의 반대편에서, 터니클리프는 나처럼 농촌 마을에서 어린 시절을 보냈고, 거기서 제비를 보며 자랐다. 터니클리프가 자란 곳은 런던 남부에 있는 서튼Sutton으로, 전직 신발 제조공이던 그의 아비는 이 마을에서 소작을 부치며 가족을 부양했다.

깡촌 출신으로 빈농의 자식인 이 소년의 꿈은 화가였고, 결국 꿈을 이뤄낸다. 아니, 그저 이뤄낸 정도가 아니었다. 젊은 날 터니클리프는 승승장구했다. 런던 왕립미술원에 장학금을 받고 입학했는가 하면, 졸업 이후 맨체스터 같은 도시에서도 생활하며 화가로서 남 부러울 것 없는 삶을 산다. 그러나 무언가 채워지지 않는 것이 그의 영혼에는 있었다. 급기야 그는 도시를 내버리고 시골로 '올라간다'. 사십대 후반의 일이었다. 그가 정착해서 여생을 보낸 곳은 웨일스의 앵글시섬이다.

터니클리프는 수채화, 유화, 에칭, 목각화 등 다방면에서 기량을 발휘한 발군의 작가였는데, 책 표지나 본문에 실리는 일러스트도 많이 그렸다. 그러나 터니클리프라는 이름과 먼저 맺어져야 하는 사실은 이런 것들이 아니다. 터니클리프, 그는 새에 매혹된 영혼이었다.

지금 소개하는 그림은 《여름에 봐야 할 것What to Look for in Summer》(1960)이라는 소책자(총 52쪽)의 표지로 쓰인 작품이다. 어디든 산이 강처럼 흐르고 있는 한반도의 산야도 아니고, 농부가 모는 농기

계도 낯설지만, 제비만은 내가 어릴 적 보던 바로 그 녀석들이다(전 세계 제비는 약 90종으로, 이들은 남극과 바다를 제외한 지구 전역에서 살아간다). 그러니까 제비집을 올려다보며 어린 내가 던졌던, 저 녀석들은 집 밖에서는 대체 무얼 하고 지내는 걸까라는 의문을 풀어주고 있는 그림인 것이다. 그러나 생존의 압력이 자아내는 성마름이나 생존 자체의 처절함은 이 작품에서 말끔히 소거되어 있다. 대신 유희가 곧 생존의 노동이고, 생존의 노동이 곧 유희인 시간이 형상화되어 있다. 이 시간은 제비에게는 휴가 같은 특별한 시간이 아니라 일상생활에 건실히 구축된 존재 양식이다. 제비는 그렇게 살아가는 족속이다. 터니클리프는 그 모습을 붙잡았다.

90종이 넘는 제비 종 가운데에는 무리 지어 사는 녀석들도 있는데, 조류학자가 아닌 내게 이런 사실을 알려준 것도 다름 아닌 터니클리프의 그림이었다. 이런 녀석들이 떼를 지어 조선 땅에도 찾아왔다면 어땠을까? 아마도 〈흥부전〉의 내용도 어느 정도는 달라졌을 것이다.

4

몇 년 전부터 우리는 터니클리프 같은 외방인의 그림 속에서만 보던 제비 떼를 두 눈으로 직접 보고 있다. 2014년과 2015년, 제비 떼 소식이 들려온 것이다. 그러다 수만 마리의 제비 떼를 보았다는 이야기가 들려온 것은 2018년 가을 초입이었다.

　소식의 발원지는 경상북도의 한 천변 숲이었는데, 공교롭게도 댐을 둘러싼 사회적 불협화음이 시끄러운 곳이었다. 정확히는 2009년 4대강 사업과 함께 착공되어 2016년 완공된 영주댐 주변 숲으로 수만 마리의 제비들이 떼 지어 깃든 것이다. 댐은 짓고 있지만 물을 채우지는 않았던 기간 동안 수몰 예정지는 내륙 습지와 숲으로 변했고, 철새들이 보기에 그곳은 최적의 기착지였다. 철책을 설치해놓고 사람들이 떠나자 동식물이 만개했던 비무장지대의 생태적 기적이 재현된 것이 아니면 무엇인가.

　설화와 민요는 남아 있되, 제비와 공생하는 태도 또는 에토스 ethos는 실종된 이 땅에, 새로운 제비들이 도깨비처럼 나타났다. 이 제비들을 어찌할 것인가? 〈홍부전〉을 잇는 새로운 제비 동화를 쓰고, 제비 구전민요를 새롭게 쓰고, 전과는 다른 제비 그림을 그려 후손에 전할지 말지는, 우리 안에 있는 제비의 심상을 온전히 보전할지 말지는, 앞으로 이곳을 어떻게 관리할지에 관한 우리의 선택에 달려 있다.

내성천과 영주댐 그리고 제비

2020년 8월 28일 '내성천 제비 숙영지를 지키기 위한 시민조사단'이 발족했다. 내성천은 경북 봉화군 선달산(1236미터)에서 발원하여 110킬로미터 넘게 아래로 내려가다 문경시 영순면에서 낙동강에 합류하는 하천이다. 내성천 지키기 운동을 하고 있는 '내성천의 친구들'에 따르면, 2018년 9월 내성천 둘레의 숲에서 개체 수가 수만에 달하는 제비 떼가 발견되었는데, 이처럼 규모가 큰 제비 떼의 출현은 해방 이후 첫 사례였다.

환경부가 만든 환경지표종(환경오염 또는 환경 구성 요소의 변동 상황을 평가하는 데 이용되는 생물) 목록에는 현재 제비가 포함되어 있다. 그간 한반도에서 목격된, 무리 생활을 하지 않는 제비 종의 개체 수는 계속 감소한 것으로 밝혀졌다. 그렇다면 환경부는 제비 종 보호에 힘쓰고 있을까? 환경부가 영주댐 주변 수몰 예정지의 제비 숙영지를 보호하지 않고 도리어 파괴했다는 놀라운 이야기를 우리는 '내성천의 친구들'에게서 들을 수 있다. 이에 관한 더 자세한 이야기는 '내성천의 친구들' 홈페이지(http://www.naeseong.org/)에서 확인할 수 있다.

습지의 세계에 오신 것을 환영합니다

• 브루노 릴리에포르스, 두루미, 습지

1

캐나다 화가 론 킹스우드Ron Kingswood(1959~)가 '습지의 신'이라 부른 동물인 두루미(학)가 야생의 땅에 신처럼 서 있다. 누구를 기다리고 있는 것도 같은데, 그의 짝인 듯한 두루미가 저편에서 이편으로 날아오고 있기 때문이다. 화폭의 중심부엔 강인지 호수인지 유유히 출렁이는 물이 보이고, 우리의 주인공은 그 주변에 미동도 없이 서 있다.

동아시아에서 두루미는 신적인 지위를 누렸다. 동양화 속 두루미는 언제나 '장수'나 '고고함'에 관한 알레고리였는데, 예외가 있었는지는 모르겠다. 물론 1920년대 유럽에서 그려진 이 그림에서 두루미는 그런 알레고리가 전혀 아니다. 고고해서가 아니라 짝짓기 철이기에 잠시 무리 생활을 접고 외따로 지내는 철새일 뿐이다. 하지만 바로 그런 이유로, 동양화가 아닌 이런 그림을 통해 우리는 선조들이 왜 이 동물을 그리도 높이 샀던가를 생각해볼 여유를 가지게 된다.

브루노 릴리에포르스, 〈물가에 두루미가 있는 풍경〉, 1924

    이 작품의 배경이 되는 장소는 스칸디나비아반도의 어느 강변일 것이다. 스웨덴의 자연을 많이 그렸던 스웨덴 작가의 작품이니 말이다. 하지만 동아시아의 어느 강변 습지대라고 멋대로 생각해도 될 만큼 낯익은 풍경이 아닌가. 작품 속 재두루미는 겨울이 오면, 중국의 양쯔 강변에도, 한반도 비무장지대 인근 임진강변에도 찾아온다. 겨울을 나기 위해 매년 겨울 한국을 찾는 재두루미는 약 4500마리로 알려져 있다. 두루미까지 합치면 약 6000마리가 한국에서 월동하는 셈인데, 현재 전 세계 두루미 개체수가 두루미 3400마리, 재두루미 8000마리에 불과하다는 사실에 비추어보면 실로 놀라운 숫자가 아닐 수 없다.

이 그림 〈물가에 두루미가 있는 풍경〉(1924)을 그린 화가 브루노 릴리에포로스Bruno Liljefors(1860~1939)는 두루미나 습지 동물에 천착했던 화가는 아니다. 그보다 그는 스웨덴의 대자연과 야생동물들을 눈에 잡히는 대로 두루 그려냈다. 그로서는 이보다 더 쉬운 작업도 없었는데, 대학에서 동물화를 전공했던 데다 스웨덴 국토의 97퍼센트가 인간이 살지 않는 야생 지대이기 때문이다.

　릴리에포르스의 작품은 우리가 자연의 실체에 접근하도록 도와주는 하나의 창窓이다. 그는 들고양이, 여우, 오소리, 산토끼, 족제비, 사슴, 수리부엉이, 큰들꿩, 오리, 기러기, 두루미같이 집 주위 들녘에서 만난 야생동물의 초상화를 그렸는데, 그렇다고 미국 조류학자 존 제임스 오듀본John James Audubon처럼 연구 목적으로 그린 것은 아니다. 바로 이런 이유로 릴리에포르스의 화폭에서 우리가 만나는 동물들은 언제나 장소성을 띠고 있다. 때로는 자기의 서식지에, 때로는 영토에, 때로는 사냥터에 있지만, 언제나 이들은 어떤 장소 안에서만 자신을 드러내고 있는 것이다.

　아무것도 아닌 듯하지만 이 대목은 실은 의미심장하다. 야생동물, 아니 인간을 비롯한 동물의 경우, 생활 장소에 대한 이해가 필수라는 중요한 점을 상기시켜주기 때문이다. 동물은 '살아가는 전략'에 따라 사는 존재이며, 이 전략이 잘 먹히는 생활 장소에서만 살아간다. 1945년에서 2015년까지 세계 도시 인구는 7억에서 37억으로 급증했는데, 이런 현상도 같은 맥락에서 이해 가능할 것이다. 물론, 야생동물들이라 해서 사정이 다른 것은 아니다. 가령, 비무장지대 인근 임진강변에 두루미들이 모여 월동하는 이유는 인근에 율무밭이 많고, 강의 여울이 잘 얼지 않는 데다, 무엇보다도 (포식자 동물인) 호모사피엔스의 수가 적기 때문이다. 〈물가에 두루미가 있는 풍경〉 속 재두루미에게도 사정은 비슷할 터라, 우리의 시선은 재두루미를 둘러싸고 있는 공간에 오래 머물러야 한다.

3

릴리에포르스의 또 다른 작품 〈땅을 박차고 오르는 오리들〉(1908)에서도 우리는 오리를, 이들이 전략적으로 행동하는 장소인 습지와 연결해 생각해보라는 권유를 받는다. 화가의 시선 오른쪽이나 뒤쪽으로 분명 강의 지류가 있어 화폭 왼편의 강과 만나고 있는데, 이렇듯 습지는 '물의 당도'를 시사한다. 강은 마치 하나의 기다란 생물처럼 움푹 파인 고랑으로 이어진 길을 굽이쳐 내려오다가 저지대의 평지에 이르러 불현듯 긴장의 끈을 풀며 넓게 펼쳐지고 늘어지는데, 만일 강물의 양이 충분하다면, 저지대의 평지는 이 그림에 보이는 것 같은 습지가 될 것이다.

　　오리들이 습지대를 좋아하는 가장 큰 이유는 단순하다. 유독 먹을거리가 풍부하기 때문인데, 비밀은 강물에 있다. 강물에 섞여 떠내

브루노 릴리에포르스, 〈땅을 박차고 오르는 오리들〉, 1908

려오던 유기물들은 강의 흐름이 멈추는 곳에서 돌연, 한꺼번에 뒤엉킨다. 이것을 먹이 삼는 미생물들이 증식할 조건이 갖추어졌다는 뜻이다. 이처럼 기본 조건이 갖추어지면 이제 생태적 파동은 시간 문제에 불과하다. 미생물의 증식은 그걸 먹는 조류와 수생식물의 증식을 낳고, 이런 파동에 따라 곤충과 지렁이들, 갑각류들, 뒤이어 물고기들, 개구리 같은 녀석들이 모여드는 것이다.

　　이처럼 하구 습지대는 '강의 산란지'다. 먼 길을 달려온 강은 여기서 죽음을 맞이하며 모든 것을 풀어놓고 생명의 교향악을 지휘한다. 존재의 모태인 뒤엉킴이 활달해지면, 존재가 자연스레 꽃을 피운다고 해도 좋겠다.

불행히도, 보이지 않는 것이 너무나 많고 보이는 것에만 끌리는 사람의 눈에 이 습지대는 어떤 사건도 일어나지 않는 무의미한, 공허한 땅일 뿐이다. 하지만 육안에서 해방되기만 하면 드러나는 경이로운 습지의 세계를 이제는 알아채라고 채근하는 듯, 어떤 동물이 뒤이어 제 모습을 드러낸다. 바로 오리 같은 물새들이다. 자연의 암호 문자라 할까. 릴리에포르스는 습지라는 수수께끼를 풀 암호 문자인 물새들을 참 많이도 그렸다.

4

물새는 습지대 먹이사슬에서 최상위 포식자는 아니다. 이들을 노리는 녀석이 곧이어 무대에 나타난다. 적어도 스웨덴은 그런 모양이어서, 릴리에포르스의 다른 작품 〈야생 오리를 쫓는 여우〉(1913)에 등장하는 여우가 장본인이다. 이 작품에서 추격자일 뿐인 이 녀석은 〈여우와 오리〉에서는 기어코 먹잇감을 입에 문 포식자의 위용을 드러낸다.

그러나 아뿔싸! 이 여우는 최종적으로는 〈사냥꾼과 사냥개 그리고 여우〉(1924)에서 보이듯 화가 자신의 먹잇감이 되고 만다. 릴리에포르스는 실제로 평생 사냥을 즐기며 살았고, 그런 자기의 모습도 화폭에 옮겼다.

《습지주의자》의 지은이 김산하라면, 이런 습지 일원의 세계를 '잘 돌아가는 세계'라고 부를 것이다. 무엇이 잘 돌아가냐면, 바로 양분

브루노 릴리에포르스, 〈야생 오리를 쫓는 여우〉, 1913

브루노 릴리에포르스, 〈여우와 오리〉

브루노 릴리에포르스, 〈사냥꾼과 사냥개 그리고 여우〉, 1924

이다. 이 양분의 선순환이라는 현상의 토대에는 강의 산란과 물의 선순환이 있고, 그 토대에는 방해받지 않고 자기 몫의 생태적 노동을 묵묵히 수행하는 지구의 거물인 울밀鬱密한 숲들이 있다.

알레만스레텐

'잘 돌아가는 세계'가 스웨덴에서 가능한 한 가지 이유는 야생에 관한 기초 교육이 잘 되어 있기 때문일 것이다. 이 교육은 스웨덴의 관습법인 '알레만 스레텐Allemansrätten'과 관련이 깊다. 스웨덴어로 알레만스레텐은 '만인의 권리'를 뜻하는데, 정확히는 대자연을 즐길 만인의 권리를 뜻한다. 관습법이라지만 스웨덴 헌법에서도 보장되고 있는 권리다. 누가 됐든 외부인도 이 권리를 지녀서, 스웨덴의 야생지대에서 여행하거나 캠핑하거나 자연물을 감상하거나 채취할 수 있고, 낚시나 사냥 등을 할 수 있다. 따라서 '출입 금지' 표시판을 함부로 설치했다가는 알레만스레텐을 위반하는 셈이 된다. (어디를 가든 '출입 금지'니 '주차 금지'니 하는 '사유지 침범 금지' 표시판이 너무도 쉽게 눈에 띄는 이 나라와는 달라도 너무 다르지 않은가.)

알레만스레텐은 성숙한 행동에 관한 '느슨한 합의'에 기초한다. 이는 기본적으로 개인이 자연에 접근하고 자연을 사용할 권리를 뜻하지만, 자연을 함부로 다룰 권리를 뜻하지는 않는다. 자연에 대한 책임 있는 행동이 이 권리의 전제이고, 실제로 실천되기 때문이다. 같은 맥락에서, 자연보호구역과 같은 보호구역에는 알레만스레텐이 적용되지 않는다.

더욱이, 야생지대에 들어가는 개인은 야생지대에서 자신이 취할 이익보다 자신을 보호하는 데 더 많은 관심을 기울여야만 한다. 자유롭게 이용해도 좋지만, 자신을 지킬 줄 알아야 하며, 동시에 자연을 '적정 수준' 이상으로 훼손해서는 절대 안 된다. 그렇기에 알레만스레텐은 기묘한 인권이다. 또는 교육받은 인간을 전제로 한 인권이다. 자연과 시민 자신에 관한 기초 교육이 탄탄히 깔려 있지 않다면, 이 교육에 관한 자신감이 두둑하지 않다면 어떻게 이것이 가능하겠는가.

릴리에포르스라는 사람은 스웨덴의 대자연이 키워냈지만, 스웨덴 국립박물관에서 만날 수 있는 그의 작품은 분명 알레만스레텐이라는 미풍 속에서 피어났다.

철창에 갇힌 한강

· 정선, 김홍도

1

강은 위에서 태어나서 아래에서 죽는다. 강은 산속 어딘가, 소沼라 불리는 곳이나 그 언저리에서 태어나 산기슭을 타고 아래로, 아래로 흐르다가 하구河口, 만灣이라 불리는 곳에 가서 죽는다.

여의도와 밤섬을 돌아 서쪽으로 흐르다 강화만에서 죽는 한강 (한가람)도 실은 여러 산에서 태어났다. 첫째 어미는 속리산(문장대)인데, 이곳에서 솟은 물줄기는 괴산, 충주, 여주, 양평을 지나 밤섬으로 달려온다. 둘째 어미인 오대산(서대 장령 부근)에서 나온 물줄기는 가리왕산과 상원산 사이 협곡을 지나 정선으로 빠져나가, 태백의 금대산 (셋째 어미, 검룡소)에서 나와 달려온 물줄기와 합류한다. (남한강의 우두머리 어미가 누구냐는 의문에 대해 줄곧 오대산 설이 우위를 점했지만, 1918년 조선총독부에 의해 금대산 검룡소가 남한강 발원지로 확정된다.) 이 물줄기는 (이모 산 격인) 치악산에서 태어난 또 다른 물줄기를 곁줄기로 거느리고는, 영월, 단양, 충주(바로 이 충주에서 속리산발 강줄기와 합류한다)를 거쳐 여주와 양평을 지나 밤섬으로 내달려 간다. 이것이 바로 소략한 남한강의 여정이다.

이들 속리산, 오대산, 금대산은 대한민국 영토 내의 산들이지만, 어미 산 하나는 영토 밖에 있으면서도 오늘도 버젓이 서울의 밤섬 쪽으로 물줄기(북한강 물줄기)를 내보내고 있다. 서울에서 속초 가는 시간 정도가 걸리는, 그다지 멀지 않은 거리에 있지만 실제로 갈 수는 없는 금강산이 바로 그 산이다.

만폭동(여기서 잠시, 겸재 정선의 그림 〈만폭동〉을 살펴보자) 또는 금강천에서 태어난 금강산발 물줄기는 양구, 화천을 지나 설악산발 물줄기와 춘천 도심 인근에서 합수하여, 가평과 청평을 지나 줄기차게 내려오다가, 저 속리, 오대, 금대의 딸들과 두물머리(양수리)에서 만나 한바탕 뜨겁게 몸을 섞는다. 그리고는 마치 아무 일도 치르지 않은 것처럼 안색에 조금도 변함이 없이, 미사 선사유적지를 끼고 돌아서 강동, 송파, 강남을 지나 밤섬으로 달려온다.

그러니까 밤섬 주위를 흐르는 강물에서 우리는 어떤 은밀한 이야기를, 울림이 있는 서사시를 만난다. 평평하고 굴곡이 있고 솟은 데가 있으며 초목을 안고 사는 땅이, 동시에 강을 낳고 품게 되는 땅이, 그리고 이 땅의 품 안에서 태어나 자라며 습지와 숱한 생물을 품고 살아가는 강이 우리에게 들려주는 이야기다.

강을 바라본다는 것은 바로 이 이야기에 시선을 던진다는 것이다. 우리가 가지 못하는 북쪽의 산과 산골, 산기슭, 그곳의 바위, 초목,

정선, 〈만폭동〉, 18세기

여러 동물의 이야기를 우리는 북한강을 바라보며, 몇 가닥이나마 읽어 낼 수 있을까. 그러려면 상상력을 부추길 시각 자료가 필요하지 않을까.

2

다행히도 우리에게는 단원 김홍도라는 거장이 있어서, 그가 남긴 금강 산 그림을 들춰보며 북한강이라는 퍼즐 판의 빈 부분을 상상으로나마 채울 수가 있다.

여기서 소개하는 이 금강산 그림들은 김홍도가 1788년 정조 대 왕의 명을 받고 관동지방을 여행하며 눈에 들어온 풍경을 사생한 그림 들로,《금강사군첩金剛四郡帖》이라는 화첩에 들어 있다. 제목이 '금강사 군첩'이기는 하나 오대산, 설악산, 고성, 강릉, 삼척, 양양, 울진 같은 곳 의 풍경도 두루 포함되어 있으니, '관동화첩' 같은 말이 더 어울리는 화 첩이다.

본디 이 화첩에는 70점이 들어 있었다고 한다. 그러나 우리에 게는 60점만 전해지고 있다. 이런 이야기를 하는 까닭은, 유실된 10점 가운데 〈만폭동〉이라는 작품이 들어 있기 때문이다. 다시 말해, 우리 는 북녘에서 밤섬까지 달려온 물줄기의 한 발원지의 모습을 김홍도의 그림으로는 볼 수가 없다. 다만 〈마하연〉〈은선대십이폭〉 같은 작품을 보며 상상해볼 수 있을 따름이다.

어디선가 솟아난, 작고 여린 아기 같은 물은 〈마하연〉의 우측에

김홍도, 〈마하연〉

김홍도, 〈은선대십이폭〉

김홍도, 〈발연〉

김홍도, 〈선담〉

보이는 것과 같은 가느다란 계곡수가 되어 흘러간다. 일단 솟구친 물은 〈발연〉, 〈선담〉, 〈분설담〉에서 보이는 물의 꼴을 이루어 지류를 만들어가며 제 존재를 세계만방에 선언한다. 그러나 안타깝게도 이런 물길들이 어떻게, 어디로 이어져 양구의 북한강까지 도달하는지, 《금강사군첩》으로는 확인할 방도가 없다.

그렇기는 해도, 저 그림들 속의 물은 분명 현실에 실재하는 물이어서, 지금 이 순간에도 DMZ를 지나 양구와 화천, 춘천을 넘어 남쪽으로 쉼 없이 내려오고 있다. 김일성과 펑더화이와 마크 클라크가 서명한 정전협정문은 김홍도가 금강산에서 목격했던 물줄기의 남하까지 막지는 못했다.

3

금강산과 설악산에서, 속리산과 금대산에서 달려온 물줄기들은 밤섬을 돌며 잠시 슬픔에 젖었다가, 양화대교와 선유도 쪽으로 길을 잡는다. 밤섬에서 이들이 잠시 숨을 고르는 것은, 이 섬이 비극의 섬이기 때문이다.

밤섬은 왜 비극의 섬인가? 한마디로, 밤섬은 개발주의의 희생양이었다. 1968년 2월 10일, 이 작은 섬은 당시 서울시장 김현옥의 주도로 폭파된다. 여의도 북쪽 기슭으로 밀려드는 거친 강의 물살을 부드럽게 한다는 것이 한 가지 명분이었다. 하지만 밤섬 일부를 헐어내는 과정에서 취득한 골재는 여의도의 제방을 쌓는 데 동원되었다. 이 '밤섬 폭파 작전'은 5개월 만에 신속히 완료되었는데, 섬 선주민 400여 명은 마포구 창전동으로 삶터를 옮겨야 했다. 밤섬은 '새로운 여의도' 건설의 제물로 바쳐진 셈이다.

1916년 조선총독부는 여의도에 비행장을 건설한다. 그 후 1971년까지 여의도는 줄곧 공군기지로 사용되었다. 1972년부터 1990년까지 '국군의 날' 행사는 바로 이 옛 공군기지에서 열렸다. 옛 군사기지 여의도는 잠재적 군사기지로 유지되면서 동시에 (1960년대 후반부터) '미래 서울'의 모델로 개발되었는데, 그래서 지금도 여의도에 는 개인 주택이 전혀 없고 고층 건물들만 빼곡히 들어서 있다.

육사 4기 출신이며 한국전쟁에도 참전했던 당시 서울시장 김현 옥은 여의도 개발 사업을 '한강 정복 사업'이라고 불렀다. 밤섬이 폭파 된 때는 1960년대 후반이지만, 1980년대 들어서도 비슷한 방식의 '정 복 사업'은 지속되었다. 사실 지금 우리가 만나고 있는, 느린 유속과 고 른 유량을 보이는 '점잖은' 한강의 모습은 1980년대 전두환 군사정권 시절 '2차 한강종합계획'이라는 사업명으로 추진된 '한강 대수술'의 결 과물이다. 집도의들은 우선 한강의 바닥을 (수심 2.5미터를 목표로) 파냈 다. 바닥에서 퍼낸 모래를 팔아서는 수술비 일부를 충당했다. 그러고 는 잠실대교, 김포대교 인근에 잠실수중보와 신곡수중보를 설치해 유 량을 조절했다. 이 두 차례의 대수술 결과, 한강의 강폭은 기이할 정도 로 늘어났다(현재 무려 600~1200미터로, 서울과 유사한 형태의 수변 도시를 이 지구에서는 찾아보기 어렵다). 집도의들은 이처럼 먼저 강의 몸집을 부풀

리며 거친 성질머리를 거세한 다음 주변을 정비하고, 고속화도로를 깔았다.

그러니까 저 김홍도의 금강산에서 기운차게 내려와 DMZ마저 뚫고 거침없이 달려온 야생의 물줄기는 두물머리, 팔당, 미사를 지나면서는 감금틀 속에 들어가 '찍' 소리도 내지 못한 채 숨을 죽이고 흐르다가 강화만으로 간신히 빠져나가 죽음을 맞이한다.

4

강이란 무엇인가? 강은 수자원인가? 강은 유속과 유량을 보이는 수류水流의 집합물인가? 동물원 우리 안의 야생동물처럼 강도 '날뛰지 못하도록' 틀에 가두기만 하면, 만사형통인가?

다른 방식으로 강을 인지하고 이해할 수는 없을까? 유기체와는 다른 방식이긴 하지만, 강도 분명히 자신의 고유한 삶을 살아가는 엄연한 삶의 주체가 아닌가? 강물에서 또는 강에 붙어서 살아가는 미생물, 수초, 수변 식물, 어류, 조류 등 숱한 생물들의 삶과 강을 이루는 물 분자들의 운동은 전혀 분리될 수 없다. 이 둘의 총합을 우리는 강이라는 흐름, 과정, 현상에서 알아본다. 산림처럼 강도 여러 생물을 품은 채 고유의 삶을 살아가는, 일종의 총체성을 지닌 존재자인 것이다.

여기서, 강을 살아 있는 존재자로 인정하고 그 법적 권리를 옹호하는 세계적 운동을 소개한다. 인터내셔널 리버스International Rivers,

지구법 센터Earth Law Center, 국제정의를 위한 사이러스 반스 센터 Cyrus R. Vance Center for International Justice는 '강의 권리 선언' 운동을 진행하고 있고, 현재 40개가 넘는 국가에서 200개 이상의 단체가 이 선언을 지지하고 있다(https://www.rightsofrivers.org 참고).

동물의 권리라는 말에 우리는 이제 꽤나 친숙하게 되었다. 그런데 지구촌에 사는 어떤 이들은 영장류의 권리, 고래류의 권리를 넘어 강의 권리를 주장하고 있고, 이미 인도, 방글라데시, 에콰도르, 콜롬비아, 뉴질랜드 같은 국가에서는 강을 법적 권리(특정인이 대변해줄 수 있는 권리)의 주체로, 법적 당사자로 인정하고 있다.

동물의 권리, 자연의 권리 운동에서도 해외 사례를 벤치마킹해야 한다고 말하려는 것은 아니다. 다만, 보고 싶은 대로만 보고 보고 싶은 것만 보고 살아서는 세상의 실상이 잘 보이지 않는다는 점을, 그렇게 살아서는 협소한 삶, 위선적인 삶으로 기울어지기 쉽다는 점을 지적하고자 할 뿐이다. 김홍도는 너무 멀리 떨어져 있고 김현옥은 너무 가까이 다가와 있는 이 답답한 현실을 조금이라도 의미 있게 바꾸려면, 시야를 국경선 너머로 넓혀야만 한다는 점을 말하고자 할 뿐이다.

지구, 정말로 우리에게 중요한가?

• 펠릭스 발로통, 파울 클레

1

그림책《자연의 색깔》[16]을 쓰고 그린 이들은 이 세상을 색다르게 본다. 오직 색이라는 프리즘으로 이 세상의 자연물을 계열화해서 보는 과단성을 발휘하는 것이다. 이들은 광물과 풀꽃과 열매를, 새와 곤충과 다른 동물을 하나의 범주로 묶어버린다. 그러니까 '빨강' 항목에서 독자는 루비와 벽옥, 크랜베리와 개양귀비, 광대버섯과 마가목, 미국지빠귀와 해변말미잘을 단 몇 초 안에 일별하며 이들을 한 가족으로 보게 된다. 이 시각적 경험은 분명 유쾌한 경험이다. 우리를 기성의 인식틀에서 해방시켜주기 때문이다.

《자연의 색깔》을 쓰고 그린 이들은 해(태양)를 색으로 표현하지는 않았다. 하지만 '빨강' 항목에 '새벽 구름'을 집어넣는 재치를 보였다. 태양 광선이 대기층을 통과하는 거리가 늘어나는 시간대(새벽, 아침, 저녁)가 찾아오면, 파장이 짧은 파랑 계열의 태양 광선은 공중에서 흩어진다. 하지만 파장이 긴 빨강 계열의 녀석들은 고스란히 살아남아 우리 앞에 나타난다. 붉은 계열 빛들의 향연인 노을은 그렇게 우리에게 다가온다.

2

노을 앞에서 나도 모르게 발걸음이 멎었던 기억이 많다. 잠시 발걸음을 멈추고 노을을 바라보는 시간은 보는 이를 묘한 행복감으로 몰고 가는데, 이 행복감의 한 원천은 아마도 삶의 중압감에서 해방되는 느낌일 것이다. 노을 앞에서 나는 내가 디디고 선 이 땅이 해모수의 자손들에게 귀속된 땅이 아니라 태양의 구속력을 받으며 자기만의 여행을 계속하고 있는 지구의 한구석이기도 하다는 사실을 돌연 환기한다. 이러한 눈뜸은 몽상이자 열림이다.

　　노을이 열어주는 이 몽상의 행복에 잠시 잠길 수 있다면, 우리는 무의미하고 별 볼일 없어 보이는 우리의 하루하루가 태양-지구의 지속적 운동이라는 뒤흔들 수 없는 근본 질서 속에서, 어떤 우주적 힘에 의해 조직적으로 유지되고 있음을 알아차릴 수 있을지 모른다. 이 삶과 욕망, 성취와 좌절, 나라는 존재의 운동은 그저 우연만은 아닐 것이다. 취업과 연봉, 축배와 고배, 사회적 인정과 불인정, 이런 것만이 인생의 전부는 아닐 것이다. 이런 것 말고 이런 것 너머에 무언가가 분명 더 있다. 역사의 서판에 기록되지 않았다 해서 숱한 사람들의 삶이

펠릭스 발로통, 〈석양〉, 1913

무의미한 것은 아니다……. 노을 앞에서 하나의 열림이 된 나는 이런 생각을 꿈결인 양 더듬어보게 된다.

　　1913년에 스위스 화가 펠릭스 발로통Felix Vallotton(1865~1925)이 그린 노을 그림 〈석양Sunset〉도 우리를 이런 몽상으로 초대한다. 발로통의 노을 작품들은 고요하고 묵중하다. 그림 속 석양빛은 사원의 창문으로 들어오는 태양 빛처럼 신성하게만 느껴진다. 보는 우리도 눈은 열되 입은 다물게 된다. 그리고 이때 우리 자신의 한 단면에 불과하지만 우리 전체를 대표하는 것은 우리의 침묵이다. 이 침묵은, 오직 변화와 발전, 전진만을 의미하는 현대의 시간에서 '다른 시간'으로 우리가 빠져나오고 있음을 시사한다. 새롭게 빠져든 다른 시간에서, 그러

니까 우리는 자연물의 "실체적 토대"(막스 피카르트) 같은 것을 알아본
다. 이 토대는 인류가 빚어온 역사 너머에서 역사의 무대로 들어온 것
으로, 지구적·우주적 무한에 닿아 있다. 무한에 닿은 자연물 앞에서,
유한한 삶의 주체인 우리는 겸허해지지 않을 수 없다. 이처럼, 오만한
우리 자신을 무릎 꿇게 만드는 힘이 발로통의 작품에는, 또 그가 캔버
스를 앞에 두고 바라보았을 노을에는 있다.

그러나 파울 클레Paul Klee(1879~1940)가 그린 노을에 비하면 발
로통의 노을은 우리네 삶의 현장에서 다소 동떨어져 있다는 느낌을 지
울 수 없다. 클레는 〈도시의 석양Sunset in the City〉(1922)에서 해변에나
어울릴 노을을 도시로 끌고 왔다. 발로통과 고국이 같은 이 화가는 담
대하게도 세속의 악취가 가장 지독할 장소에, 지상에서 가장 성스러운
느낌을 주는 자연현상일 노을을 병치했다. 묵상과 몽상을 자아내는 노
을을 묵상과 몽상을 용납하지 않는 도심 풍경에 삽입했다.

클레의 이 그림에서 노을로 자신을 드러내는 태양은, 도시의 외
부자가 아니다. 태양은 도시 외부에서 도시를 관찰하고 있거나 도시
외부에서 도시인에게 위로의 말을 전하고 있지 않다. 반대로 태양은
도시와 도시의 삶을 가능하게 하는 궁극의 힘이자 배경으로서, 도시의
삶에 물들어 있다. 1922년에도, 그로부터 100년이 지난 지금도 태양
(일몰과 일출)은 노동 시간과 휴식 시간의 기준점이고, 삶을 지속시키는
에너지의 원천이 아니던가. 아니 태곳적이나 지금이나 인류는 태양의
힘 아래 함께 묶여, 오직 태양의 힘에 기댄 상태로만 살아가고 있다. 그
리고 그렇게 살아가는 한, 인류는 공동 운명체가 아닐 수 없다. 도시의

파울 클레, 〈도시의 석양〉, 1922

빌딩 외면에 얼룩처럼 붙어 있는 클레의 노을은 이런 것을 생각하게 한다.

3

클레가 사망한 지 60년 후 〈지구 헌장Earth Charter〉이 발표되었다. 1992년 '지구 정상회담'에서 논의가 시작되어 2000년까지 수많은 이들이 참여하고 수정하는 과정을 거쳐 지구헌장위원회가 작성한 문서이다. 이 헌장은 이렇게 밝히고 있다. "삶과 문화의 다양성 속에서도, 우리는 공동의 운명을 지닌 하나의 가족이며 하나의 지구 공동체다." (earthcharter.org/)

하지만, 정말 그런가? 클레가 그린 도시의 노을은 인생을 살아가는 의미의 준거가 (가족이나 지역, 국가 같은 것이 아니라) 우주 자체에 있어야 한다는 미국의 문명 사상가 토머스 베리의 말도 떠올리게 한다. 우주적 차원에서 의미 있는 삶을 살아야 한다는 베리의 말은 언뜻 듣기에 저 지구 헌장의 문구보다도 거창하고, 공허하게 들린다. 도대체 무슨 말을 하려 한 걸까?

우선, 베리는 우주 안에 무용한 존재(자)는 없다고 단언한다. 우리의 눈에 버러지보다 못해 보이는 인간도, 버러지보다 하찮아 보이는 생물도, 아니 바위나 모래 같은 것들도 우주 안에서는 저마다 쓸모가 있고, 우주에 긴요한 특정 기능을 수행하고 있는 존재라는 말이다.

나아가, 인간의 모든 사업은 개인이나 조직, 지역 사회, 국가, 인류 사회에 가치 있는 정도를 넘어서 우주에 가치 있어야만 참으로 가치 있다고 베리는 말한다. 이런 시각에서 보면, 예컨대 삼성의 새 휴대전화 '갤럭시 S22'가 소비자나 '삼성 가족' 또는 한국이나 인류 사회에 도움이 되는 제품이라고 해서 곧바로 가치 있는 게 아니다. 만일 어떤 사업이 우주에서 특정한 기능을 하는 다른 존재(가령, 하청업체 노동자, 가난한 국가의 농민, 생물, 생태계)의 이익을 심대히 침해하면서 성공했다면, 그건 결코 가치 있는 사업으로 인정되어서는 안 된다. 베리가 보기에 중요한 것은, 우주에 거하는 여러 삶의 주체들과 우리 자신(개인, 사업 주체)이 나누는 친밀감의 수준이다. 이런 의미에서, 베리는 우리 자신이 (우리가 귀속되어 있는) 우주와 일치하는 만큼만, 우주 내 다른 삶의 주체와 우리 자신 사이의 친밀감(친교)의 농도가 농밀한 만큼만, 꼭 그만큼만 자기실현을 할 수 있다고 말한다. 요컨대, 우리의 모든 사업은 바로 이런 의미의 자기실현이어야만 한다는 것이다.

같은 맥락에서, 토머스 베리는 20세기와 21세기 환경문제(지구 생태계 파괴 문제)의 뿌리가 인간의 '인식 능력 퇴화'에 있다고 보았다. 첨단 문명을 이루었지만, 여전히 인간은 지구라는 제1의 귀속 공동체에서 삶을 꾸려가고 있고 지구(그리고 지구 내 자연 만물)와 긴밀히 관계를 맺으면서 살아가고 있는 현실을 인식하지 못하게 된 사태가 결정적 원인이라는 것이다. 그래서 베리는 환경문제가 결국 문화적 질병이라고 말한다.[17]

2년 넘게 인류 사회를 무차별 '순회' 중인 19년형 코로나바이러스는 인간의 삶이 지구의 삶, 지구 안의 다른 생물의 삶과 긴밀히 연결되어 있음을, 지구야말로 경제와 문명의 절대 지반임을 다시금 알아채라고, 우리의 각성을 촉구하기 위해 이곳을 찾은 지구의 전령messenger인지도 모른다.

그러나 깨닫고 배우기 좋은 장소는 진료소나 병상이 아니라 교실일 것이다. 발로통이나 클레의 작품을 감상할 수 있는 미술관도 하나의 교실이겠지만, 하염없이 노을을 바라볼 수 있는 곳이라면, 맹목적인 삶을 잠시 멈춰 세울 수 있는 노을 지는 풍경이 있는 곳이라면 그역시 우리에게는 하나의 교실이 아닐까.

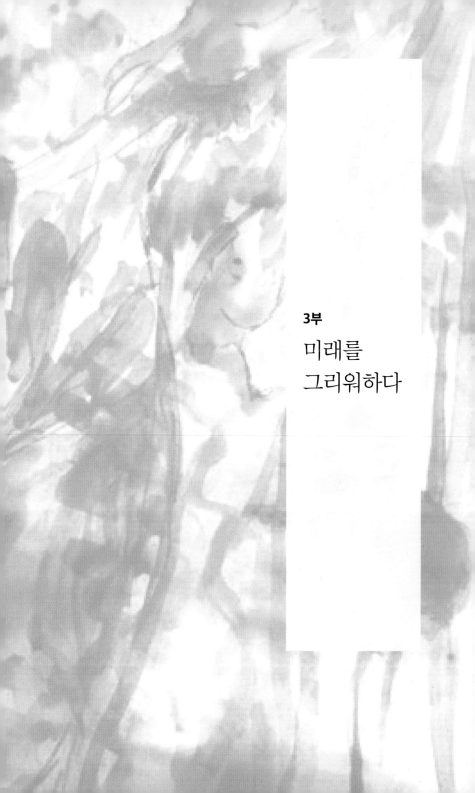

3부

미래를
그리워하다

인간이 초래한 오래된 질병

•《길가메시 서사시》

1

궤도를 바꿀지 말지를 두고 기관실에서 주야장천 이바구만 까대는 동안 열차의 궤도는 전연 바뀌지 않았다. 2019년 12월, 무언가 쿵 하고 열차에 부딪쳤다. 열차는 삐걱거리면서 여전히 달리고 있지만, 속도는 완연 늦춰졌고 배출물(정확히는 대기 중 온실가스) 증가 속도도 눈에 띄게 낮아졌다. 열차에 와 부딪친 것은 뜻밖에도 태풍이나 홍수, 가뭄 같은 이상기후가 아니라 동물에 기생하는 바이러스였다.

정말이지, 뜻밖이었다. 하지만 이미 1980년대부터 기후과학자들이 기후변화의 심각성을 경고했듯, 일부 생태학자들과 감염병 전문가들은 오래전부터 신종 감염병의 위험을 역설해왔다. 들리지 않던 그들의 목소리가, 이제야 역사의 표면 위로 올라와 우리의 귀에 쟁쟁할 뿐이다.

이들에 따르면, 신종 감염병 가운데 태반은 인간이 야생동물의

서식지인 산림지대를 침범함으로써 초래된 결과였다. 이야기의 시작
은 이러하다. 1920년대 아프리카. 침팬지를 식용한 일부 몰지각한 이
들이 침팬지가 보유하고 있던 바이러스에 노출되었다. '에이즈'라는 신
종 질환은 그렇게 시작되었다(HIV). 1976년 콩고, 에볼라 강변의 어느
마을. 돌연 신종 감염병 환자들이 속출해 죽어갔다. 치사율이 88퍼센
트나 되었고, 머지않아 감염병은 아프리카 곳곳으로 확산했다. 콩고의
원시림이 파괴되면서 인간과 야생동물 간 접촉면이 넓어진 것이 원인
이었다(Ebola).

비슷한 이야기가 역사에서 되풀이되었다. 1993년 미국 남서
부. 치사율 55퍼센트의 신종 감염병이 발생했는데, 원인은 사슴쥐, 흰
발생쥐에 인간이 노출된 사태로 추정되었다(Hanta). 1994년 오스트레
일리아 브리즈번 교외 마을인 헨드라. 말 스물한 필과 사람 둘이 신종
바이러스에 감염되었다. 인간의 거주 지역을 과일박쥐들이 살던 숲 가
까이로 확대하지만 않았다면 피할 수 있었던 참극이다(Hendra).

1998년 말레이시아에서는 숲속 돼지우리에 있던 어느 돼지에
서 인간으로 이상한 바이러스가 옮겨 온다. 총 감염자 276명 중 106
명이 사망했는데, 원인은 과일박쥐가 떨어뜨리고 돼지가 먹은 과일
조각으로 추정되었다. 숲을 침범하며 양돈 농장을 확대한 결과였다
(Nipah). 2002년 중국 광둥 지역에서 첫 환자가 나온 신종 질병인 사스
의 경우에도, 바이러스(코로나바이러스)를 옮긴 숙주는 야생 박쥐로 추
정되고 있다(SARS).

신종 질병은 아니지만, 유독 20세기에 미국을 비롯한 북반구

전역에서 발병률이 증가한 라임병 역시 숲의 남벌과 파편화가 원인으로 지목되고 있다. 숲에서 여우, 늑대, 부엉이, 매 같은 포식자들이 서식지를 잃고 다른 곳으로 이동하자 흰발생쥐가 급증했다. 바로 이 흰발생쥐가 라임 박테리아(정확히는 보렐리아 박테리아)의 숙주로 추정된다 (Lyme).

이처럼 19년형 코로나바이러스라는 줄기를 뽑아보면, 아래 감겨 있던 줄기들이 한 두름으로 올라온다. 이 모든 질병의 출현은 일관된 병적 행동이 초래한 일관된 결과임을, 이제라도 깨달아야 하지 않을까? 이제라도 무언가 배우고 달라져야 하지 않을까?

라임병 연구자 리처드 오스펠드Richard Ostfeld의 말은 우리에게 가르침을 준다. "야생동물 서식지를 농지로 개간하거나 숲을 파괴하는 것처럼 생물다양성 파괴 행위를 생태계에서 수행할 때, 우리는 우리를 보호하는 역할을 해주는 생물종들을 제거하는 경향이 있다."[18]

숲과 야생동물 보호가 곧 인류 자신의 보호가 되는, 또는 폭넓게 볼 때 비인간 자연의 이익과 인간의 이익이 서로 충돌하는 것이 아니라는 자각이 시작된 새로운 시대에 우리는 와 있다. 코로나19 감염병은 이처럼 새 시대에 도착했음을 알아차리라는 경종이 아닐까.

2

한 가지 더 생각해볼 만한 것은 그간 산림 파괴를 유발해온 것은 무엇인가라는 주제이다. 역사학자 클라이브 폰팅Clive Ponting에 따르면, 산림 파괴는 산업화된 국가들의 특출난 발명품이 아니다. 산림 파괴는 적어도 지난 1만 년 넘게, 즉 인류가 정착 생활을 시도한 이래 인류사에 끊이지 않았다. 그러나 폰팅은 산림 파괴 속도가 19세기 중엽 이후, 특히 20세기에 빨라진다고 쓰고 있다. 특이한 것은 20세기 지구의 산림 파괴가 지역별로 균등하게 자행되지 않았다는 것이다. 서유럽 등 고소득 국가들에서는 20세기 들어 다른 곳과는 반대로 자국 내 숲 면적이 늘어나기 시작했는데, 아시아나 중남미 등지에서 목재와 펄프를 수입했기 때문이다. 자국에 필요한 특정 상품을 생산하기 위해 자국의 숲을 감벌할 필요가 없었는데, 다른 국가들이 자기들의 숲을 감벌하고 해당 상품을 생산해 공급했던 것이다. 파괴의 외주화였다. 20세기 후반 반세기 동안, 지구 생물다양성의 보고인 열대우림은 무려 50퍼센트 가까이 소실되었다.[19]

이렇듯, 주로 동남아시아와 중남미, 서아프리카에 분포되어 있는 '남반구' 열대우림은 '북반구'에서 필요로 하는 상품의 생산 과정에서 파괴되어왔다. 주택, 가구에 쓰이는 목재, 종이 제작에 쓰이는 펄프, 각종 화학제품과 화장품, 식품에 두루 쓰이는 팜유, 그리고 설탕과 초콜릿, 커피, 소고기 등 북반구 국가들의 상품 수요를 충족하느라 남반구의 열대우림이 파괴되어왔다.[20]

3

《길가메시 서사시》에서 우리는 산림 파괴와 인간의 탐욕에 관한 알레고리를 만나게 된다. 이야기의 주인공들인 길가메시와 엔키두는 처음엔 서로 대립한다. 하지만 힘겨루기 하는 시간이 지나자 곧 막역한 사이가 된다. 의기투합한 둘은 삼나무 숲의 신 훔바바를 찾아내 제거하는 여정에 착수한다. 훔바바가 살고 있는 삼나무 숲에 들어간 길가메시와 엔키두는 그곳에 신들이 살고 있음을 알아채고는 무한한 경외감을 느낀다. 하지만 그렇다고 빈손으로 돌아오는 것은 아니다. 둘은 훔바바를 죽이고, 비록 일부이지만 삼나무를 벤다.

아무리 숲이 신비하다 해도 인간으로서 더 나은 삶을 지향하는 한 숲의 나무를 베지 않을 수 없다는 생각의 원형인 셈이다.

그러나 새로운 시대에는 새로운 이야기가 필요하지 않을까? 숲의 신을 죽이러 들어갔지만 신과 친구가 된다는 이야기가 필요하지 않을까? 동아시아를 넘어 유럽에서 울려 퍼지고 있는 바이러스 레퀴엠은 우리에게 새 문명의 궤도에 오르라고 조언하고 있다. 그러나 새로운 시대의 도래를 인정하지 않으려는 이들은 결국 백신이나 치료제가 구원해주리라 믿으며 '이 또한 지나가면 그만'이라는 망상의 암흑을 헤매고 있다.

인수 공통의 존재

• 콘스탄틴 브란쿠시

1

코로나19 뉴스를 시청하고 있으면 모든 CCTV 화면을 확인할 수 있는 통제실에서 각 화면을 열람하는 느낌이 든다. 코로나19 대란은 그간 잘 보이지 않던 사회의 사각지대를, 현실의 표면 아래에 있는 심층의 세계를 드러내 보였다. 영생을 약속한 어느 종교집단에 빠져든 젊은이들이, 요양원이나 장애인 시설 같은 '반지하 세계'에서 하루하루를 살아내고 있던 이들이 새삼 우리 시야에 드러났다. 여행객과 컨테이너 박스가, 유학생과 크루즈 들이 쉴 새 없이 오가던 '지구화된 세계' 또는 '공간의 압축' 자체가 바이러스 확산의 결정적 수원지였음도 자명해졌다.

  그런데 이 통제실에서 우리가 본 첫 CCTV 화면을 다시 들여다보는 이는 어쩐지 많지 않아 보인다. 이번 대란은 보신에 눈먼 인간들이 야생동물의 세계를 '들쑤신' 결과임을 보여준 화면 말이다. 코로나 대란 앞에서 무언가를 말해야 한다면, 이 신종 바이러스가 자연에서 인간 쪽으로 돌아온 필연의 피드백이라는 점을 가장 먼저 말하지 않을 수 없다. 극단적 수준의 야생 생태계 교란은 인간의 삶과 경제의 교란으로 이어지게 됨을, 비인간 동물의 운명과 인간의 운명이 깔끔하게 분리되지 않음을 이제라도 알아차리라고, 코로나19 대란은 소리 없이 채근하고 있다.

어떤 비평가는 이번 재난이 젊은 세대의 '미래 없음'이라는 재난 속의 재난이라 했다. 하지만 이번 재난은 그간 자연을 발아래 두고 짓누르며 살아온 우리 모두의 '윤리 없음'이라는 재난 속의 재난이기도 하다.

2

잘 살펴보면, 이런 소小재난은 지금 지천에 있다. 한반도 남쪽의 산도 일종의 소재난을 겪고 있다. 2018년, 2019년 두 번의 가을철에 떨어진 활엽수 잎들이 지독한 겨울 가뭄으로 숲 바닥에 그대로 남아 2층 구조를 이루고 있는가 하면(일부 가뭄을 면한 산도 있지만, 예외에 속한다), 그런 기이한 숲 바닥을 오가는 야생동물은 해가 갈수록 줄어들고 있다. 찾아보면 있긴 있지만, 대다수는 어디론가 떠나버렸다. 프랑스 사회학자 다비드 르 브르통David Le Breton은 걷기가 "보행자의 시각 또는 청각에 새로운 동물을 알려주는 동물학"이라고 썼다.[21] 걷다 보면 숱한 동물들을 만나게 되는 보행자는 동물학자가 되라는 초대를 받는다는 이야기이다. 그러나 한반도 남쪽의 숲에서 우리는 이런 초대를 더는 받지 못한다. 이곳의 숲 산책은 식물학을 요청할 뿐이다. 이처럼 쓸쓸한 빈자리를 오늘 마스크 쓴 인간 군상들이 유령처럼 떠돌고 있다.

아니, 잘 보면 이 빈집을 지키는 수호자들은 따로 있다. 야생과 문명의 경계 지대에서, 지구적 탄소 자본주의 문명의 몸살을 멀찍이서 관망하며 유유히 날고 있는 새들 말이다.

3

생태적 대재난의 현장을 무심히 날며 관망하는 새라니. 어쩐지 상징적이지 않은가.

사실 새는 늘 상징의 동물이었다. 동서 할 것 없이 인류는 새를 기리며 살았고, 새에게 상징을 부여했다. 예컨대, 고대 이집트의 신 중에 태양의 신과 복수의 신, 지식의 신은 새 머리를 하고 있었다. 고대 이집트인들에게 새는 하늘의 힘을 지상에 전하는 신성한 매개자였다. 고대 중국인들과 한국인들도 같은 믿음을 지녔는데, 그렇기에 탄생한 상상 동물이 봉황(고구려의 '주작')이다. 이곳에서 황제나 왕은 곧 봉황의 현신이었다. 중국, 고구려, 신라, 가야의 신화에 따르면, 부족의 시조는 새처럼 알에서 태어났다. 비슷한 맥락에서, 한국인들은 대대로 오리, 기러기 같은 새의 형상을 긴 장대에 매달아놓고 삶의 복락을 빌곤 했다. 이른바 솟대(솔대, 소줏대, 별신대) 신앙이다.

조각가 콘스탄틴 브란쿠시Constantin Brancusi(1876~1957)의 '새' 연작은 바로 이런 '조류 신앙'의 전통에서 뻗어 나왔다. 1910년에 그가 처음 빚은 새 조각상은 조국 루마니아의 신화에 나오는 '마이아스트라Maïastra' (루마니아어로 부족장, 거장, 대장을 뜻한다)였다. 그런데 이 새-부족장은 1923년 제작된 〈공간 속의 새Bird in Space〉에서는 날고 있는 형상을 하고 있다. 아마도 브란쿠시는 솟대처럼 어딘가에 붙박인 부족장의 형상에는 만족할 수 없었던 모양이다. 1923년, 브란쿠시는 솟대 위의 새를

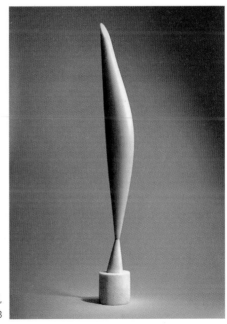

콘스탄틴 브란쿠시,
〈공간 속의 새〉, 1923

하늘로 띄워 보냈다.

이것이 새라고? 날고 있다고? 그러나 이 기이한 새의 형상에서 우리는 인간의 그리움, 발원, 염원을 어렴풋이 본다. 이 새-부족장은 곤경에 처한 자기(현세)를 극복하려는, 그리하여 끝내 안식에 도달하거나 낙토樂土를 현실화하려는 인간의 꿈 자체다.

그러나 이것은 저 7세기 백제인의 반가사유상과는 달리, 새라는 비인간 동물의 형상을 하고 있음에 다시 주목해야 한다. 새는 우리와는 완연히 다른 세계에 사는 것 같지만, 실은 그렇지 않다. 새는 우리와는 유다른 이들 같지만, 완전히 유다른 것도 아니다. 이런 시각에서 태어났으니, 날고 있는 새-부족장은 새도 인간도 아니고, 새이면서 동시에 인간인 '인수仁獸 공통의 존재'다. 또는 이 공통의 존재를 인지하고 살아가(려)는 새로운 존재다.

그렇다면, 이 조각상은 인간의 꿈 이상의 무엇이다. 어쩌면 이 것은 자기를 극복한 근대인의 초상일 것이다. 우리의 일상을 짓누르며 도시와 야생 양쪽에 드넓게 세력권을 확장하고 있는 바이러스권 virusphere은 근대인의 자기 극복, 자기 혁명을 촉구하고 있다. 철학자 에리히 프롬은 1976년에 낸 책에서 "역사상 처음으로 인류의 육체적 생존이 인간 정신의 근본적 변화에 매달리게 되었다"고 썼다.[22] 그러나 이런 표현이 2020년 봄처럼 어울리는 계절은 일찍이 없었다.

콘스탄틴 브란쿠시의 '새' 연작

브란쿠시는 프랑스 파리 몽파르나스에 묻혀 있지만, 그의 고국은 루마니아이다. 어린 시절을 보낸 루마니아 땅은 그를 평생 놓아주지 않았던 모양이다. 30대 중반이던 1910년, 브란쿠시는 조국의 신화에 등장하는 새인 '마이아스트라'에 관심을 쏟으며, 이 부족장을 조각으로 빚어낸다. 이것은 시작에 불과했다. 이후 약 50년에 걸쳐 브란쿠시는 '새-부족장' 연작을 창작해낸다.

1918년까지는 '마이아스트라' 연작(약 30점)을, 1919년부터 1950년대 초반까지는 '황금빛 새Golden Bird, L'Oiseau d'or' 연작(28점)을, 1923년부터 1940년까지는 '공간 속의 새Bird in Space, L'Oiseau dans l'espace' 연작(16점)을 발표했고, 새와 함께한 조각 인생은 1950년대 초반까지 이어졌다.

브란쿠시의 새 조각에는 특이점이 있다. 머리가 없다는 것이다. 1910년에 만든 작품에는 머리가 있지만, 1912년경부터는 머리가 사라진다. 그리고 이 새의 형상은 1919년 〈황금빛 새〉에서는 더 얇팍해진다. 1923년 무렵이면 아예 '이게 새야'라는 질문이 나올 정도로 추상적인 형태로 변모해버린다.

1923년 출품된 〈공간 속의 새〉는 1940년대 초반이 되면 키가 세 배로 늘어나고 세 배로 더 홀쭉해진다. 더 길고 더 마른, 더 현실감이 떨어지는 형태로 변모한 것이다. 1940년대 초반 탄생한 〈공간 속의 새〉는 새라기보다는 깃털 같은 꼴을 하고 있다.

코로나바이러스가 되살린 야생, 다음 차례는?

• 잭 런던, 개와 늑대

1

COVID-19 사태가 초래한 전 세계적 봉쇄령의 기세도 이제는 제법 숙지근해진 느낌이다. 그 기세가 맹렬했을 때, 우리는 놀라운 소식 하나를 들을 수 있었다. 도시에서는 흔적을 찾기 어려웠던 야생동물들이 도시에 모습을 드러냈다는 소식이었다. 인도의 나가온Nagaon 시내 한 사원에서는 거위 떼가 행진을 했고, 프랑스 코르시카섬의 해변에서는 소들이 사람 대신 산책을 했다. 칠레 산티아고 거리에는 퓨마가, 웨일스의 어느 소도시에는 산양이 모습을 드러냈다. 일본 나라奈良에는 사슴이, 뉴질랜드 크라이스트처치에는 산토끼가 나와 활보했다. 런던의 한 도로에서 찍힌 야생 여우들, 로스앤젤레스의 어느 경기장 주변에서 찍힌 코요테가 인스타그램에 올라왔다.

　　이 야생동물들은 도시에서 자신을 '부르는 소리'를 듣기라도 한 걸까? 기후변화 온라인 뉴스 플랫폼인 블룸버그 그린Bloomberg Green

에서 뉴스를 접했을 때 문득 머릿속을 스치고 간 소설이 있었다. 미국 소설가 잭 런던Jack London이 쓴《야성의 부름》[23]이라는 작품이다.

2

이 소설은 미국 남부의 어느 포실한 가정에서 자란 개가 북극 지역에 끌려가 혹독한 노동에 시달리며 야성을 회복해가는 대전환의 여정을 그려내고 있다. 세인트버나드종 아버지와 셰퍼드종 어머니를 둔 주인공 벅은 자신과 부모를 길들였던 인간을 떠나, 먼 과거의 삶으로 되돌아간다.

이 되돌아감은, 미국 남부 지역 어느 판사 집의 잔디밭과 목장과 과수원을 천진하게 뛰어 놀던 개가 "오로지 자신의 힘과 수완으로 살아 있는 동물들을 잡아먹고 사는 맹수"가 되는 변신의 여정이었다.

이야기의 제목인 '야성의 부름call'은 이 변신의 매개물이다. 이 부름을 벅이 처음 들은 건, 북극에서 썰매 개로 일하던 시절의 어느 날 밤이었다. 그러나 이 "밤의 노래"는 야생동물들이 아니라 야생 늑대 종인 에스키모 개들의 목청에서 나왔다. "그것은 오래된 노래, 개 종족만큼이나 오래된 노랫소리로" 그 노래에는 "수많은 세대의 슬픔이 담겨 있"었다.

이야기 후반부에서 벅은 자신에게 호의를 보이는 새로운 주인 숀턴과 함께 호시절을 누리는데, 이때 자신을 부르는 야생의 소리를 또다시 듣게 된다. 그 소리에서 벅은 "커다란 불안과 이상한 욕망"을 느끼고, "저항할 수 없는 충동"에 이끌려 숲으로 달려간다.

이 질주는 그야말로 깨어남이었다. 벅은 숲을 배웠고, 숲속에서 사는 법을 익혔다. "인간들이 책을 읽듯이 기호와 소리들을 읽었고" 며칠간 숲속에서 제힘으로 남을 죽여서 먹고 살아가는 법을 터득했다. 어느 날 밤 만났던 "몸이 가늘고 긴 잿빛 늑대"를 다시 만나려고 숲을 헤매는 동안 벅은 완전히 다른 동물로 변신했다. 그는 이제 자연이 빚어낼 수 있는 최고의 자연력을 발산하는 빛나는 존재, 고대 로마인들이 늑대에서 보았던 신적 우아함(로마인들은 늑대가 자신들의 조상이라고 믿었다)의 주체가 되어 있었다.

이제 "그의 근육은 활력으로 넘쳐흘렀고 강철로 만든 용수철처럼 타다닥 날카롭게 튀어 올랐다. 기쁨과 자유로움으로 홍수처럼 찬란히 온몸에 가득 찬" 그의 "생명력이 드디어 폭발하고 순수한 황홀감 속에서 산산이 흩어져 세상 속으로 풍요롭게 넘쳐흘렀다". 또한 그는 더 이상 걷지 않았다. "한순간에 야생동물이 되어 나무 그림자들 사이에서 나타났다 휙 사라졌고, 스치는 그림자처럼 고양이 발로 살금살금 돌아다녔다. 그는 모든 은신처를 어떻게 이용하는지 알았고 뱀처럼 배로 기어가다가 펄쩍 뛰어 한순간에 공격하는 법을 알았다."

그리고 마침내 벅은(아니, 더는 벅이 아니었다. 인간이 자신의 필요에 의해 붙여준 이름은 그의 이름이 될 수 없었다) 곰이나 사슴만이 아니라 인간도 죽이게 된다. 주인 숀턴을 해친 이들의 목을 찢었고, 이로써 남부의 집을 떠난 날부터 지금껏 자신을 옥죄던 "곤봉"의 지배력, 어느 날부터 몸에 축적되었던 그 마법적인 지배력으로부터 완전히 해방된다.

하지만 그를 인간의 세계로 연결해주던 최후의 실 같은 존재였던 숀턴은 이제 지상에 없었다. 어디로 가야 하는 걸까? 답은 정해져 있었다. "몸이 가늘고 긴 잿빛 늑대"의 무리가 찾아왔고, 그는 이들 무리에 합류한다. 결국 그는 지역 인디언들에게 "악마"로 불리는 무서운 늑대 우두머리가 된다.

무리에 합류하는 순간, 늑대 무리의 수장이 밤하늘을 향해 길게 울자 다른 늑대들과 함께 벅도 길고 슬픈 울음소리를 뽑아냈다. 야생이 부르는 소리에 벅이 최종적으로 응답한 소리였다. (참고로 이 "밤의 노래"는 크게 세 가지 기능을 한다고 한다. 의사 전달, 유대감 형성, 무리의 세력권을 다른 무리에게 알림.[24])

3

소설에서 백인 부자의 눈짓 하나에 꼬리를 치며 달려가던 개는 자신이 속한 인간세계의 울타리를 뛰어넘었고, 최종적으로는 인간에게 위협적인 야생의 존재로 거듭난다. 상류로, 봉우리 쪽으로 올라가서는 정상에서 아래를 내려다보는 자가 되는 것이다.

하지만 소설은 소설일 뿐. 이 작품이 발표된 1903년 이후, 아니 이전부터 늑대들은 소설의 내용과는 정반대로 인간을 피해 아래로, 아래로 내려가는 삶을 살았다. 이 소설에 나오는 늑대인 회색늑대들은 한때 북반구의 전 지역에 서식했지만, 수백 년간 인간에게 밀려 미국이나 북서유럽(스페인, 포르투갈 등 예외가 있다), 인도, 한국, 일본에서는 자취를 감췄다.

20세기 후반, 늑대가 생태계 건강을 유지하는 종으로 알려지면서 종 개체수를 복원하려는 노력이 이어졌고, 현재 전문가들은 이들의 개체수 증가세가 상당히 '안정적'이라고 진단하고 있다. 그러나 한반도를 떠났던 늑대들도 한반도를 찾아오는 날이 올까? 20세기 초반, 벅과 동료들이 밤하늘로 쏟아내던 밤의 노래를, 설악산과 북한산 자락에서 듣게 될 날이 우리가 사는 동안 과연 올까? 벅이 경험한 대전환 같은 어떤 대전환을 인류도 경험할 수 있을까?

팜유를 즐긴 우리, 열대우림의 살인청부자

• 존 다이어

1

제국주의의 기본 인식은 지배와 종속(피지배)을 '노멀 상태'로 보는 것이다. 제국이라는 말의 어원인 라틴어 '임페리움imperium' 자체가 '타자에 대한 지배'를 뜻한다. 임페리움은 본디 로마 공화정에서 '공권력'을 의미했지만, 이후 타민족에 대한 로마 민족의 지배를, 나중에는 로마 민족이 지배하는 지역 전체를 뜻하게 된다.[25] 제국주의 이데올로기에 따르면, 인간은 평등하지 않으며 우월하거나 문명화된 인간 집단(로마인, 유럽인, 영국인)이 열등하거나 야만적인 민족(인종)을 지배하는 것이 우주의 순리다.

이 이데올로기는 갑자기 하늘에서 뚝 떨어진 것이 아니다. 실은 자연에 대한 지배 이데올로기에서 뻗어 나왔다. 저 15세기에 시작된 유럽인의 아메리카 정복, 19세기 영국, 프랑스 등 서구 열강의 팽창은 '제국주의적 자연 지배'라는 오랜 역사적 경험에서 착실히 가지를 치고 나온 것이었다. 서구 정복자들이 보기에 기이한 언어와 풍습으로 살아가고 있던 아메리카 선주민과 제3세계 민중은 채찍으로 다스려야 하는 하등동물의 다른 버전일 뿐이었다.

자연의 위계구조(아리스토텔레스의 '자연의 사다리')상 맨 밑에 있는 것들은 지배해도 좋다는 생각이 수백 년 넘게 유럽 땅을 지배했다. 예컨대, 로마 제국의 통치자들은 콜로세움 개관을 기념해 100일간 무려 9000마리의 야생동물을 살육하며 축제를 즐겼다. 로마 제국이 멸망하자 유럽 땅에서 동식물이 다시 번성하기 시작했지만, 황금기는 그리 오래가지 못했다. 11세기 이후 산업혁명이 시작되기 전까지, 영국에서는 학, 비버, 큰곰이 멸종했고, 유럽 전역에서는 늑대와 뇌조가 급감했다. 16세기 초 잉글랜드에서는 여우, 족제비, 담비 같은 야생동물의 사체를 가져오면 교회 관리인이 돈으로 바꿔주는 법까지 제정됐다.[26] 18~19세기 유럽의 모피 수요는 북미 지역의 모피 동물 사냥을 부추겼는데, 북미 지역에서 여우, 밍크, 수달, 담비, 북미담비, 늑대, 비버, 미국너구리 같은 동물의 포획량은 18세기 초반 연간 40만 마리에서 19세기 초 연간 170만 마리로 치솟았다.[27]

20세기 중엽, 수백 년간 지구를 뒤덮었던 제국주의라는 먹구름이 사라져가고 UN이 창립되자, 제국주의는 발붙일 곳이 없는 것처럼 보였다. 하지만 자연을 대상으로 한 제국주의적 착취에는 전혀 제동이 걸리지 않았다. 한편으로 20세기 들어 야생동물 보호 운동이 인류 역사상 처음으로 태동했지만, 그러거나 말거나 제국주의적 자연 강탈은 극으로 내달렸다.

19세기 후반, 마르크스는 자본주의 경제로 인한 인류 사회와 자연 사이 물질대사 과정의 파열을 크게 우려했는데, 오늘날 이것이 기어코 현실화됐다. 마르크스가 보기에 인류 사회는 언제나 자연과 뒤섞이며, 자연을 섭취하고 배설하는 방식으로 자신의 필요를 충족하고 자신을 재생산해왔다. 그러니까 그가 보기에 인간의 경제활동이란 사회가 자연을 대상으로 한 물질대사 활동인 셈이다. 마르크스는 자본주의가 회복 불가능한 물질대사 과정의 파열로 치닫는 경제체제라고 봤다. 사회 재생산의 위기인 이 물질대사적 파열metabolic rift은 자연을 대상으로 벌이는 사회적 물질대사 과정이 자연의 물리적 조건과 모순될 때 발생할 것이었다. 그리고 오늘날 우리가 겪고 있는 기후재난, 코로나 팬데믹, 해양 플라스틱 오염 같은 암울한 현상이야말로 마르크스가 예견했던 저 '물질대사적 파열'의 양상들일 것이다.

　　20세기 내내, 특히 후반기에 물질대사적 파열을 향한 자본주의의 운동이 거침없이 전개되는 동안, 울리히 브란트Ulich Brand와 마르쿠스 비센Markus Wissen이 말한 '제국적 생활양식'(글로벌 자본주의 체제의 중심부가 주변부를 착취하고, 이 주변부는 자신의 주변부를 착취하는 식으로, 자연을 최종적 피지배자로 삼는 '지배의 연쇄'를 통해서만 지속 가능한 생활양식, 자본주의 생산과 소비를 매개하여 그 둘의 순환을 원활하게 하는 메커니즘)이 서구 국가를 넘어 세계 도처에서 보편적 생활양식으로 자리 잡았다.[28]

2

지금 우리를 옥죄고 있는 코로나 재앙은 기업과 인간의 지배하에 놓인 자연의 비극이 비단 자연의 비극으로 끝나지 않고 기업과 인간의 비극으로 번질 수 있음을, 인류 사회 전체가 물질대사적 파열의 피해자가 될 수 있음을 어떤 재앙보다 여실히 보여주었다는 점에서 유다르다.

그리고 바로 그런 점에서, 저 인도네시아와 말레이시아의 오랑우탄들이 겪어온 오래된 비극은 오늘날 새삼스럽다. 이들의 비극 뒤에는 '물질대사적 파열'을 심화하는 가운데 '제국적 생활양식'의 확산을 유도해온 자본주의 기업들과 그 기업들에 붙어 살아가는 우리의 삶이 있고, 이들의 비극이 우리 자신의 비극으로 번질 가능성은 얼마든지 있기 때문이다.

널리 알려졌다시피, 오랑우탄들이 겪는 비참함의 뿌리는 팜유 palm oil 생산이다. 2005년, 팜유는 콩기름을 제치고 세계 생산량 1위의 기름으로 등극하는데, 이유는 딱 하나, 훌륭한 경제성 때문이었다. 단위면적당 생산량이 탁월하고(콩보다 4~6배 높다), 그렇기에 값이 저렴하며, 보존 기간도 긴 데다, 혈중 콜레스테롤 수치도 높이지 않는 건강식이라 인기도 높았다. 이뿐만이 아니었다. 크래커, 도넛, 초콜릿, 라면 같은 가공식품을 넘어 요리용 오일, 샴푸·치약·립스틱 같은 생활용품, 바이오디젤 연료, 각종 화학제품 제조에서도 팜유는 값싸고 유용한 원료가 되었다. 세계자연기금WWF에 따르면, (서구 국가의 경우) 슈퍼마켓에서 판매되는 포장 상품 중 약 50퍼센트에서 팜유가 발견된다. 한마디로, 팜유는 여러 산업에서 돈이 되었다.

　　팜유 생산 기업들은 농지 확대에 혈안이 되었다. 문제는 농지에 심을 기름야자수palm tree의 서식 환경이었다. 특이하게도 이 나무들은 연중 기온이 높고 일조량이 넘쳐나며 습기가 풍부한 기후 조건에서 가장 잘 자라는데, 특히 보르네오섬과 수마트라섬의 열대우림이 최적의 장소였다. 오랑우탄들이 사는 숲 말이다. 이것이 바로 세계 팜유 생산량의 85퍼센트가 이 두 섬의 숲을 개간한 농장에서 나오고, 1999년과 2015년 사이 무려 10만 마리의 보르네오 오랑우탄들이 목숨을 잃은 까닭이다(2022년 현재 보르네오, 수마트라, 타파눌리 오랑우탄 3종 모두 심각한 위기종CR 등급이며, 현재 속도로 숲이 파괴될 경우 2032년 멸종될 예정이다).

3

대안이 있을까? 팜유 생산을 둘러싼 자연 파괴 문제가 '뜨거운 감자'가 되자, 2004년 '지속가능한 팜유산업 협의체RSPO'가 발족한다. RSPO는 RSPO 인증 마크가 있는 제품은 숲을 파괴하지 않고 생산된 제품이라고 홍보했지만, 실제와는 달랐다. 세계열대우림운동WRM, World Rainforest Movement 같은 단체는 수많은 팜유 농기업들이 RSPO 인증 마크 같은 '그린 이미지'로 자신들을 위장하고 있다고 비판해왔다. 2018년 9월, 그린피스는 허쉬, 켈로그, 하인즈, 네슬레, 유니레버, P&G, 펩시코, 마스, 로레알, 존슨앤존슨, 다논 등 팜유 관련 25대 기업이 채 3년

이 되지 않는 기간에 싱가포르 면적의 두 배에 이르는 열대우림을 파괴했다고 폭로했다

비난의 화살은 이들 악덕 기업들로만 향해야 하는 걸까? 만일 저 기업들의 이름이 친숙하다면, 당신 역시 자유로울 수는 없다. 사실, 팜유는 우리 모두의 '제국적 생활양식'과 분리될 수 없다. 감자칩을, 켈로그 시리얼을, 오레오나 리츠를, 허쉬 초콜릿을, 도넛과 버터를, 라면을 즐기는 한 팜유는 우리의 젖이고 꿀이며 기쁨이다. 시인 최승호는 시화호 방조제 공사 당시 세금을 낸 국민들이 실은 "시화호의 살인청부자였다"고 썼다. 팜유의 생산과 소비를 즐긴 이들 모두가 실은 '열대우림의 살인청부자'가 아니면 무엇일까.

4

우리에게 희망이 있을까? 영국 화가 존 다이어John Dyer는 '그림 그릴 마지막 기회Last Chance to Paint'라는 프로젝트(www.lastchancetopaint.com)를 어린이들과 함께 진행하고 있다. 어린이들이 그림과 음악을 접하는 가운데 위기에 처한 자연과 토착 문화를 배울 수 있도록 안내하는 프로젝트다.

다이어와 함께 아이들이 그린 오랑우탄의 숲은 일종의 천국이다. 아이들은 죽어가는 오랑우탄을, 쓰러지는 숲을 그리지 못한다. 이 천진난만한 아이들도 커서는 오랑우탄의 피가 묻은 음식을 즐기고 화

'그림 그릴 마지막 기회' 프로젝트의 작품 〈숲속의 오랑우탄들〉. 위는 킴 앤드 로언Kim and Lowen, 아래는 아얀 칸Ayaan Khan의 작품이다

장품을 바르게 될까? 아니, 이들은 제 명대로 살 수는 있을까? 이 아이들의 아이들은 어떨까? 우리는 이미 새로운 시대로 진입해 있고, '미래를 그리워하는 능력'은 우리 자신을 평가하는 중요한 잣대가 되었다.

고래잡이, 탐욕과 무지가 낳은 비극

· 반구대 암각화, 오즈월드 브리얼리

1

2019년 7월 1일 일본 경제산업성은 일본과 한국을 뒤흔드는 발표를 단행한다. 반도체와 디스플레이 제조에 핵심이 되는 소재의 수출을 제한하기로 한 것이다. 이 사건이 촉발한 역사의 폭풍은 당분간 지속되면서 한국과 일본, 두 사회의 '상대방 더 알기'를 촉진하지 않을까 싶다.

그런데 이 사건 말고도, 일본을 더 알아보라고 우리를 채근하는 듯한 일본 정부의 과감한 결정이 하나 더 있었다. 국제포경위원회IWC, International Whaling Commission의 규제를 무시하고 상업용 포경捕鯨을 재개하기로 한 결정이었다. 그간 일본 정부는 IWC를 향해 포경 재개를 허가해달라고 줄기차게 하소연했는데, 위원회가 끝내 받아들이지 않자 포경 재개를 일방적으로 선언한 것이다. 2019년 6월 30일의 풍경이다.

이 조치는 30년 넘게 목에 매고 있던 상업용 포경 금지라는 목줄을 벗어던지겠다는 선언이었고, 국제 질서를 따르기보다는 '일본의 길'을 가겠다는 공표였다. 하지만 알고 보면 이 선언은 기껏해야 국제사회를 향한 '공식적' 이별 선언일 뿐이다. 이미 오래전부터 이들은 '일본의 길'을 가고 있었다. 1982년 IWC에서 상업용 포경 금지를 결정했지만, 일본 정부는 이를 줄곧 무시해왔다. '연구' 목적으로는 포경이 허용된다는 IWC의 규정을 악용하며 상업 목적 포경을 지속해온 것이다.

그러나 우리를 정말로 화나게 하는 건 포경 자체가 아니라 그간 포경으로 죽어나간 고래가 어처구니없이 과다하다는 사실이다. 일본 포경선들에 죽어나간 고래는 연간 1000마리에 육박했던 것으로 추정되고 있다.

이뿐만이 아니다. 일본 수산청은 2019년의 포획 목표치까지 정해놓았는데 무려 227마리나 된다(밍크고래 52마리, 브라이드고래 150마리, 보리고래 25마리). 어찌 이리도 악랄하고 잔혹할까. 이들이 1960년대에 잡아먹은 고래가 연간 20만 톤(50톤 무게의 고래 4000마리)이라는 자료 앞에서는 분노를 넘어 허탈해진다.

그간 덴마크, 노르웨이, 아이슬란드도 자국 영해에서 포경을 지속해왔지만, 국제사회로부터 지탄받아 마땅한 국가는 이들이 아니다. 자국 영해가 아닌, 그래서 우리 모두의 바다라 할 공해에서 고래잡이를 계속해온 국가는 따로 있다. 일본 포경선은 바다와 고래의, 바다와 고래를 사랑하는 모든 지구인의 공적公賊이고 원흉이다.

그렇기는 하나, 적어도 1982년 이전까지는 지구인 대부분이 고래에 관해 새카맣게 무지했고, 고래에 대한 적대 행위를 그치지 않았다.

고래잡이는 대체 언제부터 시작된 걸까? 우리는 알지 못한다. 그러나 '최소한' 언제부터인지는 알고 있다. 인류의 고래잡이에 관한 가장 오래된 기록이 한국 경상북도의 어느 강가에서 발견되었기 때문이다. 국보 제285호로 지정되어 있는 울진 반구대 암각화의 기록이 바로 그것이다. 이 바위 그림이 발견되자 전 세계가 놀랐다. 최소 7500년 전에는 인류가 고래잡이를 하고 있었음을 알려주었기 때문이다.

그러니까 포경은 한반도 옆 어느 섬나라만이 아니라 이 땅의 풍속이기도 했다. 1822년 정약전과 이청이 함께 펴낸 저작물《자산어보茲山魚譜》에 고래(경어鯨魚) 항목이 있다는 점을 봐도 자명한 사실이다. 《자산어보》에는 우리의 눈을 의심케 하는 문장이 등장한다. 지은이들

반구대 암각화 탁본

은 고래의 눈으로 잔을, 수염으로는 자를, 뼈로는 절구를 만든다고 쓰고 있다. 19세기에 서구 제국주의 국가들이 포경을 산업으로 발전시키며 고래 포획량을 늘렸다고 우리는 배웠다. 하지만, 바로 그 제국주의의 희생양이 되었던 조선이라는 유교 사회에서도 비슷한 일이 벌어지고 있었던 것이다.

확실히 19세기는 고래의 입장에서는 최악의 시대였다. 지난 3000만 년의 고래 역사를 통틀어 가장 잔혹한 시절이 열리기 시작했다. 사실 이미 18세기에 유럽과 미국에서 고래 수요가 증대하고 있었다. 조명용으로 고래 기름이 유럽에서 널리 사용되었는데, 가정용 촛불과 도시의 가로등에 쓰인 것이다. 가령 1740년대 런던 거리에는 고래 기름으로 밝히는 가로등이 5000개가 있었다고 전해진다(고래 기름은 20세기 들어 비누, 마가린의 원재료로도 사용되기 시작했다). 우산, 코르셋, 채찍, 낚싯대 등에는 고래 뼈가 쓰였다. 기름과 뼈에 대한 수요가 증가하자, 포경선은 더 자주 출항했다. 수요의 증가는 생산의 증가, 포경 기업의 출현, (포경선의) 모험과 죽임의 증가를 낳았다. 1840년경, 미국인들이 캘리포니아에서 일본에 이르는 태평양 전역에서 포경을 했는데, 한 해 약 700척의 포경선이 출항해 고래잡이 철에 포경선 한 척당 약 100마리의 고래를 끌어올렸다. 1년에 약 7만 마리를 포획한 셈이다. 19세기의 어느 골짜기에서 미국 작가 허먼 멜빌Herman Melville이《모비딕Moby-Dick or the Whale》(1851)을 쓰게 된 배경이다.[29]

영국 화가 오즈월드 브리얼리Oswald Brierly가 19세기 중반에 그린 〈뉴사우스웨일스 투폴드만 근처에서 고래 잡는 이들 Whalers off Twofold Bay, New South Wales〉(1867)에서 우리는 바로 이 19세기의 포경 풍경을 만난다. 같은 세기에 나온, 포경 행위를 묘사한 일본화들과는 분위기가 확연히 다르다. 잡는 자와 잡히는 자, 양쪽의 필사적 투쟁을 둘러싼 열기와 긴박감이 전해지는 작품이다. 비선형적이고 불규칙한 리듬으로 움직이는 파도는 한 치 앞도 내다보기 어려울 정도로 급변하는 시간을 나타내고, 솟구치는 고래의 피와 주변에서 떡고물을 기대하는지 얼쩡대는 새들은 죽고 사는 일의 엄혹함을 말해주는 듯하다. 핏줄기 뒤편에는 포경인들이 타고 온 본선이 보이고, 우측에는 또 다른 고래도 보

오즈월드 브리얼리, 〈뉴사우스웨일스 투폴드만 근처에서 고래 잡는 이들〉, 1867

이는데, 이들의 고래잡이가 상당히 전문화된 수준임을 암시하고 있다.

대체 브리얼리는 왜 이런 그림을 그렸을까? 적어도 자신의 동시대인들이 탐욕과 무지에 갇혀 이성을 잃고 말았다는 뜻을 전하려 한 것은 아니었다. 도리어 브리얼리는 24세에 오스트레일리아로 넘어가 친구의 포경 사업을 가까이서 도왔는데, 이를 볼 때 고래잡이를 예찬했던 인물일 가능성이 크다. 또한 영국에 돌아와서는 19세기 영국 제국주의의 산실인 빅토리아 왕실의 후원 덕에 세계를 유유자적 유람했던 인물이기도 하다. 브리얼리는 세계 유람의 여정에서 바로 이 그림을 그렸다.

그러므로 이 그림은 가치 평가가 소거된 기록화의 성격을 지닌다. 가치 평가가 개입되지 않은 것은, 가치 평가를 할 능력이 이 화가에게 없었기 때문이다. 화가 자신의 무지, 19세기 인류 사회 구성원 대다수에게 해당하는 무지로 인해 그는 이런 그림을 그렸다. 19세기의 이 거대한 무지는 20세기 후반기가 되어서야, 그러니까 IWC가 "상업용 포경은 인류에게 더는 필요치 않은 행위"라고 못 박은 1982년경이 되어서야 비로소 무지로 드러난다.

무지의 한복판에 들어가 있는 한, 무지는 무지로 결코 인식되지 못한다. 이것이 무지의 무서운 귀속력이다. 무지의 귀속력에서 해방되는 일은 과거나 미래라는 거울에 현실을 비추어봄으로써 가능할 것이다. 그런데 고래와 바다, 지구 생태계에 관한 한, 우리에게는 이미 너무 많은 거울이, 너무나 풍성한 과거와 미래가 있다. 필요한 건 거울을 들어 우리 자신을 살펴볼 우리의 손과 눈뿐이다.

포스트 코로나 시대, 동물원에 미래가 있을까?

· 창경원, 런던 동물원, 그리고 카를 하겐베크

1

꼬맹이 시절, 내가 처음으로 갔던 동물원. 기이하게도 그곳은 '창경원 昌慶苑'이라 불렸다. 창경원 안에는 식물원도 있고 동물원도 있었지만 우리는 이곳의 동물원을 그저 창경원이라 불렀다. 일본이 저지른 조선 모욕, 그 끝판왕이었던 창경원은 에버랜드, 서울랜드 같은 테마파크의 '원조'였다.

창경궁의 시원은 1418년으로, 이해 태종은 현 창경궁 터에 수강 궁壽康宮을 건립한다. 세월이 흘러 1483~84년, 성종은 이 수강궁을 확장 하여 창경궁昌慶宮을 세운다. 하는 일마다 창성하고[昌] 경사스러운[慶] 일이 가득해야 할 이 왕궁이 일개 놀이 시설로 전락한 때는 1907~09년 이고, 창경원이라는 오명을 뒤집어쓴 것은 1911년의 일이다(후원의 왕실 농경지이자 농업 교육장이었던 내농포는 1907년 연못이 되고 만다).

1908년과 1909년, 창경원 내 동물원을 지을 때 참고가 된 모델

1820년 런던 왕실 동물 수집관을 묘사한 그림(작자 미상)

이 있었을까? 일본 최초의 동물원은 1882년 개장한 도쿄의 우에노 동물원으로, 정확한 이름은 '온시 우에노 동물원恩賜上野動物園'이다. 일본어로는 '온시'라고 읽고 한국어로는 '은사'라고 읽는다. 1882년 당시 이동물원의 부지는 일본 왕실 소유였는데, 1924년 왕실이 도쿄시에 '은사'했다 해서 부쳐진 이름이다. 짐작건대, 이 온시 우에노 동물원을 설계했던 이들의 후배들이 내가 태어나 처음 본 동물원도 설계했을 것이다.

그렇다면 온시 우에노 동물원을 만들던 당시 참고가 된 모델은 무엇이었을까? 근대 동물원은 어디서, 언제부터 시작된 걸까?

동물원의 뿌리를 추적하다 보면 우리는 인류사에 나타났던 각 왕국의 왕실 소유 동물 수집관menagerie을 만나게 된다. 최초의 동물 수집관은 기원전 3500년경에도 있었다고 하며, 중국의 주 문왕, 이스라엘의 솔로몬 왕, 바빌로니아의 네부카드네자르 2세Nebuchadnezzar II

등 숱한 왕들이 왕실 동물원을 거느렸다고 전해진다. 13세기 중엽, 몽골 제국의 쿠빌라이 칸이 1000마리가 넘는 치타를 (동물 사냥을 위해) 사육했다는 이야기도 아는 사람은 다 아는 이야기다.

대중용 전시 공간인 근대식 동물원은 이러한 왕실 소유 동물 수집관들의 개방, 전용, 변형으로 시작되었다. 1779년 대중에게 공개된 신성로마제국 소유의 쇤브룬 동물 수집관, 1793년 루이 16세가 처형될 무렵 베르사유 궁전에 있던 동물 수집관이 이전하여 생긴 파리의 식물원Jardin des plantes 내 동물원 등이 죄다 이런 식이다.

이런 초기 형태의 동물원에서 진일보한 근대식 동물원은 1828년 런던에서 건립된다. 그러나 대중이 이 동물원에 입장할 수 있었던 것은 1847년이다. 줄곧 비공개 시설로 운영되다 1830년대와 40년대를 지나며 대중용 시설로 탈바꿈했고, 1847년에 이르러 공개된 것이다. 향후 런던 동물원은 세계 동물원의 표본이 된다. 온시 우에노 동물원을 설계한 이들이 참고한 동물원도 아마 런던 동물원이었을 것이다.

2

그러나 동물원의 역사에서 진정한 도약이 발생한 시점은 1847년이 아니라 1907년이었다. 이해, 독일의 카를 하겐베크Carl Hagenbeck (1844~1913)는 전에 없던 동물원을 세계에 선보인다. 하겐베크는 동물을 감옥 같은 좁은 우리에서 해방해 자연 상태의 서식지와 비슷한 생

로비스 코린트, 〈동물원의 하겐베크〉, 1911

태 환경을 갖춘 공간으로 옮겼다. 동물을 생물학적 분류 체계에 따라 나누지 않고 지리적 생활 조건에 따라 나누는 원칙도 하겐베크가 세운 것이다. 그러니까 동물원 안 동물들이 최대한 자연 상태의 모습으로 살아갈 수 있도록 '나름' 배려한 것이다. 이것을 역사는 하겐베크 혁명이라 부른다.

　　그렇다면 하겐베크를 동물을 사랑한 위대한 혁명가로 평가할 수 있을까? 하겐베크는 전 세계를 돌며 동물을 게걸스럽게 사고 판 상인이었는데(심지어 창경원에도 인도산 코끼리를 팔았다) 그의 수집 목록에는 인간도 섞여 있었다. 자신의 눈에 덜 문명화한 사람들, 제3세계 선주민들을 독일로 데려와 자신의 동물원에서 다른 동물들 옆에 세운 것이다. 오늘날 우리의 시각으로 보면 천인공노할 이런 '인종 전시'가 하겐베크 시대에는 아무렇지도 않게 자행되었다(인간을 다른 동물처럼 전시하는 일은 1958년까지 지속되었다. 1958년 벨기에 브뤼셀에서 개최된 엑스포 '58에서도 인간이 전시되었다).

하겐베크의 인종차별적 시선은 동물차별적, 종차별적 시선을 시사한다. 하겐베크 동물원에 있던 동물들이 권리를 충분히 보장받았을 리 만무하다. 그러나 하겐베크 혁명 덕에 동물원 내 동물들이 그나마 '숨'은 쉴 수 있게 된 것마저 부인할 수는 없다.

3

20세기 후반 들어 세계의 동물원들은 전시 기능에서 교육 기능, 생물종 보호 기능으로 존립 근거와 운영 목적을 서둘러 바꿔가고 있다. 또는 적어도 그렇게 홍보하고 있다. 하지만 하겐베크의 사례가 잘 보여주듯, 그런 시설이 얼마나 동물 친화적이든, 동물원 자체가 인간의 이익이라는 (지구적 시각에서는) 편향적 이익에 복무하는 시설이라는 사실에는 전혀 변함이 없다. 예전에 사람들은 개인이 노예를 거느려도 되고, 사형 제도가 필요하며, 여성이라면 무조건 남성보다 적은 급여를 받아야 하고, 훈육을 위해서는 어린이를 매질해도 무방하다고 생각했다. 오늘의 시각에서 얼마나 낡아빠진 생각인가. 멀쩡히 잘 살던 야생동물을 포획해 서식지에서 격절할 권리가 과연 인간에게 있는 걸까?

"우리가 그들에 대해 호기심을 품는다는 이유만으로 동물을 고통스럽게 할 도덕적 권리가 우리 인간 종에게는 없다." 영국의 동물 보호 운동가 데이미언 애스피널Damian Aspinall의 말이다.

만일 애스피널의 생각마저 수용하겠다면, 동물의 권리와 동물을 보호할 인간의 의무를 널리 알리는 교육원으로 남겠다면, 나 역시 동물원의 존속을 찬성할 생각이 있다. 하지만 그런 동물원이라면 더 이상 동물원이라고 부르긴 어렵지 않을까? 야생동물과 우리 자신의 관계를 새롭게 정해야 한다는 19년형 코로나바이러스의 경고에 가장 적극적으로 대응해야 하는 이들에 동물원 운영자들이 의당 포함되지 않을까? 하겐베크 혁명에 이은 2차 혁명이 필요한 시점은 지금이 아닐까?

4

역사의 흐름이 이러하거늘, 역사를 거꾸로 사는 이들이 있다. 제주 조천읍에 주민들의 반대를 무릅쓰고 '제주동물테마파크'를 조성하려는 리조트 기업 대명이 바로 그들이다. 그러나 잘못된 것은 언젠가는 바로잡히고 재평가되는 법이다. 지금 대서양 양편에서는 과거에 인종차별적이었던 백인들의 동상이 가차 없이 내동댕이쳐지고 있다. 자기 편의대로 동물을 수집해온 동물원의 운명도, 또 새로 세워질지도 모를 미래의 동물원의 운명도 마찬가지 아닐까?

그림 밖으로 튀어나온 메뚜기 떼

• 알프레드 브렘

땅바닥이 보이지 않을 만큼 온통 메뚜기로 뒤덮으리라.

메뚜기들이 우박 피해를 입지 않고 남은 것을 모조리 먹어 치우고

너희가 가꾸는 들나무들도 갉아 먹으리라.

―출애굽기 10장 5절

1

'벌레'라는 한국어는 꼭 벌레 같다. '걸레'라는 말이 꼭 걸레 같듯이. 어떤 단어에는 원형질의 생각이나 감성이 각인되어 있다. 국립국어원 표준국어대사전에 의하면, '벌레'는 "곤충을 비롯하여 기생충과 같은 하등동물을 통틀어 이르는 말"이다. 벌써 '하등'이라는 말에서 대상을 얕잡아 보려는 기세가 등등하지 않은가. 사전 편찬자(편집자)조차 태도가 이러하니, 말이 멋대로 굴러다니는 시장 바닥에서 '벌레'라는 단어의 운명

이 어떻겠는가. '벌레'는 곧 '버러지'인데, 이 단어를 발화하는 이들의 마음속에는 발화 대상을 깔보려는 못된 심보가 두둑하다. 맘충蟲이니, 진지충이니, 틀딱충이니 하는 '벌레'보다도 못한 신조어들 역시 곤충이나 다른 절지동물을 혐오하는 오래된 시선에 뿌리를 두고 있다.

하지만 왜 그리 미워했던 걸까? 말할 것도 없지만, 이 동물군이 긴 세월 동안 사람을 곤란하게 했기 때문일 것이다. 이를테면, 사람에게 가장 위협적으로 느껴질 동물은 파충류이기 쉬우나, 실제로 사람 목숨을 가장 많이 앗아간 동물은 뱀이나 악어가 아니라 그놈의 모기였다. 흔한 사례는 아니지만, 시드니에서 거주하던 시절 거실 벽을 타고 가던, 아무리 쫓아내도 다시 들어오던 개미 떼 앞에서 기겁한 적이 있다. 성난 벌 떼가 사람을 공격하는 장면은 또 어떤가. 이나 진딧물에 대해 사람이 품었던 악감정의 역사도 얄팍하지 않다. 1945년 2차대전이 끝난 후 살충제가 대량 생산되어 여러 국가의 논밭에 살포되었을 때, 농민들은 환호작약했는데('녹색혁명'이라는 단어는 이때 나온다) 누천년을 이어온 지긋지긋한 곤충과의 전쟁에서 이제는 해방이라는 섣부른 해방감 때문이었다.

2

세계 어디든 인심人心의 자리에는 혐오감이나 공포심을 유발하는 절지동물의 심상이 남아 있어서, 이 심상은 영화에서 곧잘 활용되곤 했다.

개미, 벌, 말벌, 모기, 바퀴벌레, 사마귀, 파리, 거미 등을 소재로 한 공포영화는 20세기 후반기 내내 끊임없이 제작되었다. 새천년이 시작되었건만, 이런 흐름은 그대로 이어졌다. 〈스타워즈 에피소드 2〉(2002)의 후반부에서 오비완 케노비가 콜로세움 비슷한 곳에서 맞서 싸워야 했던 적은 사마귀를 닮은 거대한 절지동물이었고, 〈스타워즈 에피소드 3〉(2005)에 등장하는 흉포한 악당 그리버스 장군의 몸은 그 원형태가 절지동물이었다.

　　물론 이 모든 이미지는 혐오와 공포를 절지동물에 투사投射함으로써 빚어진 것이다. 그리고 이런 투사가 일단 합리화되면, 대상이 곤충이든 아메리카 인디언이든 동남아 이주 노동자든, 투사 주체는 대상을 마음 편히 혐오하거나 가해할 수 있게 된다. 그렇긴 하지만 곤충을 소재로 한 모든 예술작품이 이런 류의 혐오와 공포를 투사한 것은 아님을 우리는 알고 있다.

　　그렇다면 독일의 동물학자 알프레트 브렘Alfred E. Brehm(1829~84)의 〈메뚜기 떼〉(《브렘의 동물의 삶Brehm's Tierleben》 9권에 실린 그림)는 어떨까? 메뚜기 떼가 천지를 새카맣게 뒤덮고 몇몇 사람이 안간힘을 다해 이들을 퇴치하려고 애쓰는 이 장면 앞에서, 보는 이는 공포감을 느끼지 않을 수 없다. 하지만 브렘은 메뚜기 떼에 공포감을 투사한 것일까, 아니면 사실을 기록한 것일까?

　　메뚜기 떼에 관한 역사 기록들은 이 그림이 과장이 아님을 알려준다. 《신약성경》 출애굽기에 곡물과 식물을 깡그리 먹어 치우는 무시무시한 메뚜기 떼에 관한 언급이 등장하는데, 역사적 고증에 따르면

알프레트 브렘, 〈메뚜기 떼〉, 1860년대

기원전 1500~1200년 전의 일로 추정된다. 기원전 9세기 중국 주나라에서는 메뚜기 떼를 퇴치하는 관리를 별도로 두었다고 하며, 약 2000년 동안 170회 이상 메뚜기 떼가 출현했다는 기록이 중국에 남아 있다. 메뚜기 떼로 인한 재난의 경험은 신조어로 갈무리되었는데, '누리나 메뚜기 때문에 농작물에 입는 피해'를 뜻하는 '황재蝗災'라는 단어이다. 18세기와 19세기 인도에서 메뚜기 떼가 출현했다는 기록이 있는가 하면, 1954년 한 메뚜기 떼가 아프리카에서 영국까지 이동했다는 기록도 전해진다. 메뚜기 떼는 신대륙에도 등장했는데, 1875년 미국 서부를 덮쳤을 때 이들이 장악한 면적은 캘리포니아주 전체를 넘어섰다고 한다.

3

불행히도, 이런 역사는 과거사가 아니다. 사실상 '20세기의 마지막 해'라 할 만한 2019년 말부터 우리는 브렘이 19세기 말에 그린 장면을 그림 밖에서 목도하고 있다. COVID-19 사태가 중국 우한에서 발발하던 무렵, 소말리아와 에티오피아에서는 거대한 메뚜기 떼가 목격되었다. 이 사막 메뚜기 떼들은 케냐, 우간다, 예멘, 오만, 파키스탄 등지에서 계속해서 발견되었는데, 2020년 7월 1일에 발표된 세계은행 자료에 따르면, 피해국은 23개국에 이른다. 2021년 12월 세계식량농업기구FAO는 케냐와 에티오피아 국경 지대, 에티오피아와 소말리아 국경

지대에서 메뚜기 떼 위협이 있다고 밝혔다.

　FAO가 강력한 어조로 경고하는 이유를 우리는 출애굽기의 기록에서 어렵지 않게 짐작해낸다. 보통 크기의 사막 메뚜기 떼는 최대 80억 마리를 거느리고, 하루에 무려 400만 명분의 식량을 집어삼키는 것으로 추정된다. 빈번해진 세계 곳곳의 산불과 홍수가 그러하듯, 메뚜기 떼의 문제도 종국에는 식량 문제로 귀결되는 셈이다.

　기후변화와 메뚜기 떼는 별도로 다뤄야 할 두 개의 주제가 아니다. 아니, 대규모 메뚜기 떼 출현은 기후변화라는 거대한 나무의 한 곁가지이다. 2018년과 2019년 아라비아해 인근의 사막지대를 강타한 비정상적 사이클론과 집중호우 탓에 필요 이상의 습기가 메뚜기 산란지에 축적되면서 메뚜기 수가 급증했다. 2020년 6월 말부터 라오스와 중국 윈난 지역에 출현한, 사막 메뚜기와는 종이 다른 메뚜기 떼 역시 고온과 가뭄 같은 변형된 기후로 인해 출현했다.

　특정 곤충 종의 급증은 과거사도 아니지만, 먼 나라 이야기도 아니다. 2014년, 전남 해남 지역에 나타난 메뚜기 떼가 농작물에 막심한 피해를 주었는가 하면, 2018년부터 2021년까지 4년 내내 매미나방 애벌레들이 한반도의 숲에 구멍을 냈다. 아마도 '코로나 원년'이라 불리게 될 2020년엔 노래기와 대벌레가 합류했다.

　이 모든 사건은 어느 방송 용어 그대로 '해충'의 '공습'인가? 단어에 깃든 생각의 장막을 걷어내면 사태를 새롭게 인식할 수 있다. '벌레'라는 단어를 뒤집어 생각해볼 필요가 있듯, '떼'나 '증식'이라는 단어도 다르게 써볼 필요가 있다. 그러니 누군가를 미워하기 전에, 생각해볼 일이다. 그동안 어떻게 인간 떼가 돌연 증식해 지구에 갖은 빨대를 꽂고는 지구의 '가용 식량'을 남김없이 먹어치웠는지를. 이 게걸스러움이 어떻게 인간 자신에게 돌아오고 있는지를.

박쥐 따위가 왜 지구에 있지?

• 마이크 벨

1

코로나 팬데믹 시대, 방역 정책의 강도에 따라 우리의 삶도 흔들린다. 2단계, 3단계로 거리 두기 조치가 강화될 때마다 거리는 텅 비고, 거리에 사람들이 오가야 겨우 생계를 꾸릴 수 있는 사람들의 주머니도 휑하니 비곤 했다.

대체 왜 우리가 이런 고생을 해야 하는 거지? 문득 이런 질문을 던져본다면, 그리고 질문하는 사람이 호기심이 왕성한 이라면, 이런 질문도 해볼 수 있을 것이다. 대체 코로나바이러스는, 박쥐 따위는 왜 지구에 있어서 이런 상황을 초래한 거지?

생뚱맞은 질문이지만 이해 못 할 질문도 아니다. 이 질문을 진지하게 받아들인다면, 우리는 어떤 이야기부터 해야 하는 걸까? 어느 바이러스, 어느 포유동물의 존재 이유나 존재 방식에 관해서라면, 어떤 이야기를 할 수 있을까?

BC(Before Corona) 시대의 어느 해, 정확히는 2005년 봄, 시드니의 로열 보태닉 가든을 거닐다가 나무 위에 줄지어 매달려 있는 박쥐 무리를 만난 적이 있다. 처음엔 10여 마리나 될까 싶었다. 그러나 곧이어 거의 100마리에 육박하는 박쥐들이 키 큰 나무 한 그루를 온통 점령하고 있는 풍경이 시야에 들어왔다. 그리고 바닥에는 그들의 똥이 즐비했다! 시드니의 보태닉 가든은 오페라하우스에 인접해 있는데, 도심과 외곽의 주거지에서도 그리 멀지 않은 거리에 있다. 박쥐들이 이렇게 인간의 마을 가까이에 있어도 되나? 당시에는 하지 못했던 질문을, 코로나 시대에 하게 된다.

그런데 이 질문은 '박쥐 같은 동물은 대체 왜 존재하며, 어떤 동물이란 말인가'라는 우리의 질문에 한 걸음 더 다가서게 한다. 인간과 가까이 살아도 문제 없는 박쥐가 있고, 그렇지 않은 박쥐가 있는 걸까?

2

먼저, 박쥐는 전체 포유동물의 20퍼센트를 차지할 정도로 수가 많다는 것부터 확인하고 가자. 이들은 종 수도 어마어마해서 최소 1200종이 넘는데, 포유동물 가운데에서는 설치류를 제외하면 종 다양성 수준이 가장 높은 동물이기에 놀랍다. 그뿐만이 아니다. 박쥐목 동물은 포유동물 가운데에서 가장 오래된 목order에 속한다. 원숭이가 생기기 이전에, 호모 하빌리스가 출현하기 이전에 박쥐가 먼저 지구에 살고 있었다. 박쥐가 살던 지구에 인간이 뒤늦게 합류했다.

이것 말고도, 박쥐의 유별난 점이 세 가지 더 있다. 첫째, 비행 동물이라는 점이다. 날다람쥐 같은 동물도 날지 않느냐고 반문할 수도 있을 것이다. 하지만 비행에 관한 한, 날다람쥐와 박쥐의 차이는 보행을 기준으로 본 침팬지와 인간의 차이와도 같다. 우리가 간헐적 직립 보행 동물이 아니듯, 박쥐 역시 간헐적 비행 동물이 아니다. 박쥐들은 하룻밤에 수십 킬로미터를 이동하기도 하고, '이사'를 하느라 수백 킬로미터, 때로는 1000킬로미터 이상 장거리 비행을 감행하기도 한다.

당연한 사태이지만, 박쥐들의 이동 행위는 이들과 함께 살아가는 바이러스 같은 병원체들의 이합離合과 집산集散이 일어나는 생태적 무대이기도 하다. 한마디로, 병원체들은 박쥐의 몸에 올라타기만 하면 아주 손쉽게 공간 이동을 할 수 있고, 그건 그만큼 다른 지역에 사는 다른 동물들의 체내로 쉽게 옮겨 갈 수 있음을 뜻한다.

둘째, 박쥐는 소셜 네트워킹을 즐긴다. 펭귄처럼, 꿀벌이나 흰개미처럼, 가창오리나 민물도요처럼 무리 지어 사는 삶을 선호하는 것이다. 한마디로 이들은 '사회적 거리 두기'를 싫어한다. '사회적 가까이 하기'에 능숙한 이들은 때로는 수백만 마리가 한 서식지에 모여 살아간다고 한다. 그러니까 시드니의 보태닉 가든에서 내가 목격한 박쥐 무리는 상당히 규모가 작은 무리였던 셈이다. 종이 다른 녀석들도 한자리에서 서로 어울리며 각자의 몸에 있는 병원체들을 교환한다고 한다.

첫째 특징과 둘째 특징에서 이미 암시되었지만 또 다른 박쥐의 특징은, 바이러스가 가장 선호하는 숙주 동물에 속한다는 것이다. 바이러스 입장에서 보면, 박쥐들이란 번식하기에 최적의 플랫폼인 셈이니, 어찌 그들을 어여삐 여기지 않을 수 있을까.

진즉에 우리가 눈치챘어야 했지만, 이번 새천년은 코로나바이러스와 함께, 이들이 가장 선호하는 동물인 박쥐와 함께 우리에게 왔다. 중국 광둥성의 한 동굴에 서식하는 동물인 말편자박쥐horseshoe bat의 몸속에서 살던 코로나바이러스인 '사스SARS'가 사향쥐의 몸을 타고 이동해 사람의 몸으로 옮겨 온 것은 2003년 초였다. 2015년 전 세계를 놀라게 한 '메르스MERS' 코로나바이러스 역시 박쥐에서 인간으로 옮겨왔다. 이들은 박쥐에서 낙타로 서식지를 옮겼다가 다시 인체로 이동했다. 그리고 4년 뒤, 다른 지역에서 신종(이들은 계속 신종 바이러스를 만들어낸다!) 코로나바이러스가 인체에 올라탔는데, 이들은 비행 능력 면에서 박쥐보다 인간이 월등히 더 뛰어나다는 사실에 감격해하며 인체와 함께 지구 전역으로 이동하는 쾌락에 온몸을 떨었다.

3

이렇듯, 코로나바이러스와 박쥐는 공동 운명체이다. 그렇다면, 코로나 방역 대전을 치르고 있는 우리는 적군이 아니라 '적군의 기지' 자체를, 즉 박쥐를 박멸해야 하지 않을까? 실제로 코로나19 사태 발발 이후, 박쥐류를 박멸해야 한다는 주장이 제기되기도 했다. 전쟁주의적 사고방식으로 보면 이것은 필연의 결론일지 모른다. 그러나 현실을 자세히 들여다보면 상황은 그처럼 간단하지 않다.

가장 중요한 사실은 최소 3000종이 넘는 코로나바이러스 중 일부만이 사람에게 감염병을 일으킨다는 것이다. 최소 1200종의 박쥐 중에서 일부 박쥐 종만이 우리에게 위협이 된다는 뜻이다. 짐작건대, 2005년 시드니의 공원에서 내가 만났던 박쥐들 역시 사람에게 무해한 녀석들이었을 것이다.

무해하든 그렇지 않든, 그들 역시 잠재적 숙주 동물이므로 박멸 대상이 되어야 하는 걸까? 그러나 감염병 전문가들은 다른 해결책을 제시해왔다. 이들에 따르면, 해결책은 박쥐와 인간 사이에 생태적 완충지대를 마련하고 건드리지 않는 것 그리고 박쥐의 서식지(주로 숲)를 보호하고 서식지 내 생물다양성을 풍요롭게 함으로써 바이러스의 개체 수나 행동 양식이 돌발적이지 않도록 관리하는 것이다.

이것은 '숲 복원'이라는 단어가 주는 느낌처럼 낭만적인 행동이 전혀 아니다. 숲을 훼손하는 자본의 운동에 제동을 걸고, 숲 파괴 덕에 비로소 가능했던 우리의 소비 양식을 바꾸는 지난한 일이다.

4

돌발적이었던 박쥐 공부의 결론. 박쥐는 《드라큘라》(1897년 브램 스토커 Bram Stoker가 쓴 소설)의 주인공일 수도 있지만, 〈배트맨〉(1939년 밥 케인Bob Kane과 빌 핑거Bill Finger가 만든 만화책에 처음 등장했다)의 주인공일

마이크 벨이 그린 배트맨

수도 있다. 애니메이션 예술가 마이크 벨Mike Bell이 그린 드라큘라와
배트맨을 우리는 모두(!) 사랑할 수 있다. 코로나를 탑재한 무시무시한
드라큘라라 하더라도, '거리 두기'만 잘 한다면 모두가 잘 살 수 있다!
우리의 적은, 진짜 드라큘라는 따로 있다. 박쥐들이 살던 대로 살지 못
하도록 그들의 서식지를 계속 파괴했던 일부 인간들 말이다.

코로나 시대, 동물권 법제화가 다급하다

1

코로나 방역 선진국. 요즈음 쉽게 들을 수 있는 문구다. 그러나 코로나 예방이라는 잣대를 들이대도 한국이 같은 평가를 받을 수 있을까? 향후 코로나19 같은 재난을 사전에 방지하고 더 나은 미래를 열어가려면, 왜 이런 재난이 발생했는지를 따져 묻는 차분하고도 엄격한 원인 분석이 기초이자 출발점일 것이다. 하지만 코로나 팬데믹의 원인, (가능할지도 모를) 다음 팬데믹의 예방이라는 주제라면, 나라 안 논의가 기이하다 싶을 정도로 빈약하다는 느낌을 지우기 어렵다. 팬데믹 자체가 전 지구적 규모의 사건이므로 일국 차원의 예방 담론이나 프로그램은 사실상 무의미하기에 그런 걸까? 아니면, 예방론같이 멀리 내다보는 미래 담론이 자라나고 확산되기엔 아직 우리가 너무나도 급박한 비상 상황에 처해 있기 때문일까?

세계자연기금WWF은 COVID-19를 비롯한 인수공통감염병의 확산 원인으로 숲 같은 야생 생태계의 교란, 야생동물 밀매, 야생동물과 농장동물이 뒤섞여 거래되는 시장의 비위생성을 꼽았다. 즉 인간이 야생동물과 그들의 서식지를 취급하는 방식이 이번 사태를 초래한 진앙지라고 이야기한 것이다. 그러나 WWF가 지적한 불량 행위의 주체로 막연한 의미의 '인간'을, 즉 15만 년이라는 시간대에 걸쳐 살아온 지구상의 호모사피엔스를 지목해서는 안 된다. 그것은 WWF가 지적한 저 문제가 특정한 시대의 문제, 구체적으로 말해 20세기 중엽 이래의 문제, 즉 당대의 문제이기 때문이다. 그러나 더 좁혀야 한다. 문제의 진앙지는 20세기 중엽 이후 시간대를 살고 있는 지구상 모든 인간의 성정이나 행태, 활동이 아니라 지구 내 특정한 야생지대(가령 중국 남부, 동남아시아와 남미, 아프리카 중부의 열대우림)를 불도저로 밀어 이윤을 뽑아온 일부 인간들 그리고 그들의 활동이다. 자연에서 이윤을 뽑아내며 자기 증식에 나선 북반구 기업들 말이다. 말할 것도 없이 모기, 설치류, 박쥐류 같은 숙주 동물들은 서식지를 상실하고 인간의 거주 구역 가까이 이동했고, 그에 따라 인수공통감염병 발생률도 증가했다. 감염병 연구자들은 특히 1980년대 이후 생물종 간의 감염병 확산이 급증했다고 보고하고 있다.

2

전쟁과 피난. 직접 겪지는 않았으되, 우리 중 대다수는 이 이야기에 익

숙하다. 한국 사회는 1919년, 1945년, 1948년뿐만 아니라 1953년에
도(또는 1950년에도) 다시 출발했기 때문이다.

한국전쟁기에 한국인이 겪은 피난의 서사는 결코 전쟁을 경험
한 인간들의 전유물이 아니다. 자신들의 삶터인 숲을 송두리째 잃고
만 숙주 동물들도 극심한 스트레스 속에서 다른 삶터를 찾아 이동해야
만 했고, 그들이 옮겨 간 장소에는 인간의 마을 인근도 포함되어 있었
다. 이들의 이동은 인간을 향한 '습격'이라기보다는 차라리 '피난 행렬'
이었다. 때로 이들은 자신들의 영토에 들어온 (동물 사육) 농장에 분비
물이나 배설물을 쏟아내기도 했다. 이 역시 늘 하던 행동이었을 뿐, 의
도적인 '폭탄 투하'는 아니었다. 이들의 분비물이나 배설물을 통해 바
이러스에 감염된 야생동물들이 밀렵꾼의 총탄에 쓰러진 뒤 도시로 실
려 간 사례도 있었다. 또 다른 사례는 댐과 관련이 있다. 댐이 세워지
면서 한 장소에 물이 지나치게 불어나자 모기가 급증했다. 말레이시아
의 니파 바이러스, 서아프리카의 에볼라 바이러스, 중남미 대륙을 뒤
흔들었던 지카Zika 바이러스, 2003년 사스, 2015년 메르스, 2019년
COVID-19를 일으킨 코로나바이러스 등이 모두 이런 식으로 야생에
서 도시로, 숙주 동물의 몸에서 인체로 이동했다.

이러한 '사건 보고서' 앞에서 우리는 이제까지와는 다른 방식의
경제와 자연관이 요청되고 있음을 깨닫게 된다. 크게 두 가지 이유에
서다. 첫째, 지금껏 (동남아시아나 남미의 열대우림처럼) 생물다양성 수준
이 높은 야생 생태계가 심각한 수준으로 파괴되어온 건 목재, 팜유, 소
고기, 콩, 코코아, 야생동물의 살과 털같이 자본주의 경제에 필요한 원

료를 확보하기 위해서였다. (더구나, 자본주의 기업들이 숲을 쓸어버리는 과정에서 대기로 방출된 다량의 탄소가 지구 기후 시스템 변화를 유발해왔고, 변화된 기후 시스템이 홍수, 폭우, 가뭄, 태풍 등의 형태로 다시 바이러스 숙주 동물들의 서식지를 교란해오지 않았던가.) 둘째, 이러한 경제는 동물을 비롯한 자연의 물질을 오로지 상품 원료나 가용 자원이나 재산으로 인식하는, 극히 편파적이고 환원주의적인 자연관에 입각해 있기 때문이다.

3

동물의 권리, 즉 동물권에 관한 논의는 바로 이 편파적, 환원주의적 자연관의 폐기와 관련이 깊다. 물론 동물권 논의는 코로나 팬데믹으로 촉발된 것도 아니고 야생동물에 한정된 것도 아니다. 그러나 세계를 아직도 뒤흔들고 있는 코로나 팬데믹은 우리의 시선을 낚아채 동물로 향하게 했다. 공장식 축산 시설에 갇혀 '사회적 거리 두기'를 하지 못하는 동물들, 사람 몸에 좋다는 이유로 시장에서 밀거래되는 천산갑이니 박쥐니 하는 (주로 산림지대에 사는) 야생동물들, 서식지를 잃고 다른 곳으로 이주했거나 멸종된 야생동물들 또는 그들 덕분에 급증한 야생동물들……. WWF 보고서도 지적하고 있듯이, 이들이 모두 인수공통감염병의 온상이기 때문이다. 그러니까 코로나 팬데믹 속에서 우리는 이들이 불쌍해서가 아니라 우리 자신과 후손들이 건강하게 살아남기 위해서 이들의 권리도 생각해야 하는 상황까지 내몰린 셈이다. 이 상황을 '벼랑 끝'이라 부른들, 누구도 이것을 시적 표현으로 받아들이지는 않으리라.

동물의 권리라고 하지만, 대체 이것은 무엇인가? 동물권에 관해서는 이미 1977년 유네스코에서 정리한 바 있다. 이해 발간된 〈세계 동물권 선언The Universal Declaration of Animal Rights〉은 야생동물이 자신의 자연환경에서 누릴 세 가지 권리, 즉 삶의(살아갈) 권리, 자유롭게 살 권리, 재생산(번식)의 권리를 천명했다. 한마디로, 그들도 우리처럼 자유롭게, 자기들의 집에서, 아이들을 낳고 살 권리가 있다는 것이다. 그러나 결을 달리해 표현하면, 이러한 말은 곧 야생동물을 함부로 상품, 자원, 재산으로 취급할 수 없다는 말이기도 하다.

이 선언에 담긴 생각의 알맹이는 1992년에 개정된 스위스 헌법에 반영되었다. 단 '야생동물'이라는 단어 대신 '동물'이라는 단어가 사용되었다. 브라질(1988년), 독일(2002년), 오스트리아(2013년)가 동물을 (잔혹한 상태로부터) 보호할 국가의 의무를 헌법에 명기했지만, 전부 1992년의 스위스 개정헌법에는 미치지 못했다. 이 헌법에서는 동물을 보호할 인간의 의무를 막연히, 즉 근거 없이 표기한 것이 아니라, 그렇게 해야 하는 의무의 '이유cause'를 '동물의 존엄성'이라는 표현으로 명기했기 때문이다.

그뿐만 아니라 우리는 스위스의 동물법 4조 2항에서 이러한 문장을 만나게 된다. "동물의 존엄성은 동물을 대할 때 우리가 지켜야 할 본질적인 가치다." 스위스 헌법과 동물법에는 동물을 상품, 자원, 재산으로만 보는 태도에 대한 윤리적 반감(구역질)이, 거꾸로 말해 '존엄성'

을 지닌 주체, 즉 존엄한 존재자의 범위를 인간 너머로 확장해야 한다고 믿는 인간의 고결한 심성과 정신이 아로새겨져 있다.

　이러한 심성과 정신은 (동물을 포함하지만 동물에 국한되지는 않는) 어머니 지구, 자연의 권리를 세계 최초로 명기한 에콰도르 헌법(2008년), 삶의 권리 주체를 '인격체person'로 명기하고 인격체의 범위를 비인간 존재자로 확대 적용한 인도의 헌법(2002년)에서도 발견된다. 비록 일부이기는 하나, 세계 각국의 헌법은 이렇게 진보하고 있다.

4

새천년이 시작된 이후 미국, 아르헨티나, 인도, 뉴질랜드 등 여러 국가에서 동물권과 관련된 법정 판결이 내려졌다. 주로 돌고래, 고래, 오랑우탄, 침팬지의 권리를 다룬 판결이었는데 불행히도 말편자박쥐(사스 바이러스의 숙주로 추정)나 천산갑(코로나19 바이러스의 중간숙주로 추정)의 권리를 다룬 판결은 없었다. 그런데 이 가운데 특히 주목을 요하는 판결이 있다. 아르헨티나 동물권 변호사협회가 침팬지 '세실리아'와 관련하여 제기한 소송에 대한 판결이다.

　2014년 아르헨티나 동물권 변호사협회는 수마트라 오랑우탄 '산드라'의 법적 권리를 인정해달라며 소송을 제기한다. 이 요청에 대해 법원은 산드라가 "몇 가지 기본권을 가진 비인간 인격체non-human person"라는 판결문으로 응답했다. 2년 뒤, 같은 단체는 침팬지 세실리아에 대한 소송을 제기했는데, 법원은 다시 한번 이 단체의 손을 들어 준다. 흥미로운 것은 이 판결에서 판사가 낭독한 판결문 내용이다. 판사 마리아 마우리치오Maria A. Mauricio의 입에서는 이런 문장이 흘러나왔다.

> "이 사안은 인간과 똑같은 권리를 그들에게 부여하는 사안이 아닙니다. 그들이 감정과 의식의 존재이며, 법적 인격체legal personhood임을 완전히 이해하고 수용하는 사안이지요."

실로 의미심장하지 않은가. 이 판결문은 동물권 문제가 실은 인간 자신의 인식 변화를 요청하는 문제임을 말해주고 있다. 오늘 우리는 우리 자신의 생존과 번영을 위해 바이러스나 백신, 면역 같은 것을 이해해야만 한다. 하지만 더 긴급히 이해해야 하는 것이 있다. 감정과 의식의 주체라는 점에서, 자신의 생존과 번영이라는 삶의 이익을 의도하고 지향하고 실행에 옮기는 삶의 주체라는 점에서 과일박쥐나 인간 사이에는 대수로운 차이가 존재하지 않는다는 사실이다. 나아가 박쥐 같은 숙주 동물을 비롯하여 동물 전체의 권리를 인정하고 지금껏 동물과 맺어온 관계를 새롭게 정립하는 것만이 현 시대에 우리의 생존과 번영을 위해 우리가 걸어가야 할 유일한 길이라는 점 역시 겸허히 인정하고 수용해야 한다.

불행인지 다행인지 모르겠지만, 2020년은 분명 새로운 시대의 원년일 것이다. 아니라 해도, 우리에게 새로운 삶의 길을 촉구하는 함축적 경고 같은 것을 우리는 현금의 코로나 재앙에서 읽어낸다. 아니, 그보다는 그걸 읽어내는 자와 그렇지 않은 자 간의 전쟁이 이제 막 시작되었다.

주

1 에두아르두 비베이루스 지 까스뜨루,《식인의 형이상학》, 박이대승·박수경 옮김, 후마니타스, 2018

2 어니스트 톰슨 시튼,《회색곰 왑의 삶》, 장석봉 옮김, 궁리, 2016.

3 Pabulo Neruda, *The Poetry of Pabulo Neruda*, (ed.) Ilan Stavans, Farrar, Straus and Giroux, 2005, p. 474.

4 어니스트 톰슨 시튼,《커럼포의 왕, 로보》, 장석봉 옮김, 궁리, 2016.

5 어니스트 톰슨 시튼,《위대한 산양, 크래그》, 이한음 옮김, 궁리, 2016.

6 김학철,《우렁이 속 같은 세상》, 창비, 2001.

7 어니스트 톰슨 시튼,《위대한 산양, 크래그》, 이한음 옮김, 궁리, 2016.

8 Alain De Botton, *The Art of Travel*, Vintage, 2002, pp. 180~181.

9 쥘 미슐레,《바다》, 정진국 옮김, 새물결, 2010.

10 조녀선 벨컴,《물고기는 알고 있다》, 양병찬 옮김, 에이도스, 2017.

11 한병철,《땅의 예찬》, 안인희 옮김, 김영사, 2018.

12 자부리 가줄,《숲》, 김명주 옮김, 교유서가, 2019, 150~151쪽.

13 김훈 글, 이강빈 사진,《자전거 여행》, 문학동네, 2019.

14 제니퍼 애커먼,《새들의 천재성》, 김소정 옮김, 까치.

15 김훈 글, 이강빈 사진,《자전거 여행》.

16 야나 세들라치코바·슈테판카 세카니노바 글, 막달레나 코네치나 그림, 《자연의 색깔》, 이수연 옮김, 그린북, 2020.

17 토마스 베리,《황혼의 사색》, 박만 옮김, 한국기독교연구소, 2015.

18 《뉴욕타임스》 2012년 7월 15일 자.

19 클라이브 폰팅,《클라이브 폰팅의 녹색 세계사》, 이진아·김정민 옮김, 민음사, 2019.

20 안드레아스 말름,《코로나, 기후, 오래된 비상사태》, 우석영·장석준 옮김, 마농지, 2021.

21 다비드 르 브르통, 《느리게 걷는 즐거움》, 문신원 옮김, 북라이프, 2014.

22 에리히 프롬, 《소유냐 존재냐》, 차경아 옮김, 까치, 2020.

23 잭 런던, 《야성의 부름》, 권택영 옮김, 민음사, 2010.

24 곤도 유키 본문, 사와이 세이이치 사진 해설, 《늑대와 야생의 개》, 박유미 옮김, 라의눈, 2020.

25 외르크 피쉬·디터 그로·루돌프 발터 지음, 라인하르트 코젤렉·오토 브루너·베르너 콘체 엮음, 《코젤렉의 개념사 사전 3—제국주의》, 황승환 옮김, 푸른역사, 2010.

26 상세한 내용은 클라이브 폰팅, 《클라이브 폰팅의 녹색 세계사》 참고.

27 주경철, 《대항해 시대》, 서울대학교출판문화원, 2008 참고.

28 상세한 내용은 울리히 브란트·마르쿠스 비센, 《제국적 생활양식을 넘어서》, 이신철 옮김, 에코리브르, 2020 참고.

29 클라이브 폰팅, 《클라이브 폰팅의 녹색 세계사》 참고.

참고문헌

가스통 바슐라르, 《공간의 시학》, 곽광수 옮김, 동문선, 2003.

곤도 유키 본문, 사와이 세이이치 사진 해설, 《늑대와 야생의 개》, 박유미 옮김, 라의눈, 2020.

김동진, 《조선의 생태환경사》, 푸른역사, 2017.

김산하, 《습지주의자》, 사이언스북스, 2019.

김학철, 《격정시대》, 연변인민출판사, 2010.

김학철, 《우렁이 속 같은 세상》, 창비, 2001.

김훈 글, 이강빈 사진, 《자전거 여행》, 문학동네, 2019.

노자, 김홍호 해설, 《노자 · 노자익 강해》, 사색, 2013.

다비드 르 브르통, 《느리게 걷는 즐거움》, 문신원 옮김, 북라이프, 2014.

데지마 게이자부로, 《아기 곰의 가을 나들이》, 정근 옮김, 보림, 1996.

외르크 피쉬 · 디터 그로 · 루돌프 발터 지음, 라인하르트 코젤렉 · 오토 브루너 · 베르너 콘체 엮음, 《코젤렉의 개념사 사전 3—제국주의》, 황승환 옮김, 푸른역사, 2010.

박지원, 《세계 최고의 여행기 열하일기》, 고미숙 · 김풍기 · 길진숙 옮김, 북드라망, 2013.

박은식, 《한국통사》, 범우사, 1999.

N. K. 샌다스, 《길가메시 서사시》, 이현주 옮김, 범우사, 2000.

스티븐 부디안스키, 《개에 대하여》, 이상원 옮김, 사이언스북스, 2005.

안드레아스 말름, 《코로나, 기후, 오래된 비상사태》, 우석영 · 장석준 옮김, 마농지, 2021.

야나 세들라치코바 · 슈테판카 세카니노바 글, 막달레나 코네치나 그림, 《자연의 색깔》, 이수연 옮김, 그린북, 2020.

에두아르두 비베이루스 지 까스뜨루, 《식인의 형이상학》, 박이대승 · 박수경 옮김, 후마니타스, 2018.

어니스트 톰슨 시튼, 《위대한 산양, 크래그》, 이한음 옮김, 궁리, 2016.

어니스트 톰슨 시튼, 《커럼포의 왕, 로보》, 장석봉 옮김, 궁리, 2016.

어니스트 톰슨 시튼, 《회색곰 왑의 삶》, 장석봉 옮김, 궁리, 2016.

어니스트 헤밍웨이, 《노인과 바다》, 김욱동 옮김, 민음사, 2012.

에리히 프롬, 《소유냐 존재냐》, 차경아 옮김, 까치, 2020.

우석영, 《동물 미술관》, 궁리, 2018.

울리히 브란트·마르쿠스 비센, 《제국적 생활양식을 넘어서》, 이신철 옮김, 에
　　코리브르, 2020.

자부리 가줄, 《숲》, 김명주 옮김, 교유서가, 2019.

자크 아탈리, 《바다의 시간》, 전경훈 옮김, 책과함께, 2021.

장자, 《장자》, 김달진 옮김, 문학동네, 1999.

잭 런던, 《야성의 부름》, 권택영 옮김, 민음사, 2010.

정약전·이청, 《자산어보》, 정명현 옮김, 서해문집, 2016.

제니퍼 애커먼, 《새들의 천재성》, 김소정 옮김, 까치, 2017.

조너선 벨컴, 《물고기는 알고 있다》, 양병찬 옮김, 에이도스, 2017.

쥘 미슐레, 《바다》, 정진국 옮김, 새물결, 2010.

주경철, 《대항해 시대》, 서울대학교출판문화원, 2008.

클라이브 폰팅, 《클라이브 폰팅의 녹색 세계사》, 이진아·김정민 옮김, 민음
　　사, 2019.

토마스 베리, 《황혼의 사색》, 박만 옮김, 한국기독교연구소, 2015.

한병철, 《땅의 예찬》, 안인희 옮김, 김영사, 2018.

할 헤르조그, 《우리가 먹고 사랑하고 혐오하는 동물들―인간과 동물의 관계,
　　그 모든 것에 관하여》, 김선영 옮김, 살림, 2011.

허먼 멜빌, 《모비딕》, 황유원 옮김, 문학동네, 2019.

호시노 미치오, 《숲으로》, 햇살과나무꾼 옮김, 논장, 2018.

핫핑크돌핀스, 《바다, 우리가 사는 곳》, 리리, 2019.

Alain De Botton, *The Art of Travel*, Vintage, 2002.

Gordon M. Burghardt, *The Genesis of Animal Play: Testing the Limits*,

A Bradford Book, 2006.

Pabulo Neruda, *The Poetry of Pabulo Neruda*, (ed.) Ilan Stavans, Farrar, Straus and Giroux, 2005.

불타는 지구를
그림이 보여주는 것은
아니지만

1판 1쇄 발행 2022년 10월 25일

지은이 우석영
펴낸이 김미정
편집 박기효, 김미정
디자인 김명선

펴낸곳 마농지
등록 2019년 3월 5일 제2022-000014호
주소 (10904) 경기도 파주시 미래로 310번길 46, 103동 402호
전화 070-8223-0109
팩스 0504-036-4309
이메일 shbird2@empas.com

ISBN 979-11-978701-1-8 03100